"十四五"时期国家重点图书

中国社会科学院马克思主义研究院学者文库

国家出版基金项目
NATIONAL PUBLICATION FOUNDATION

走进现实
马克思主义基本原理大众化

4

辛向阳　主编

拨开迷雾

正确认识资本主义

杨静　著

山东人民出版社·济南

国家一级出版社 全国百佳图书出版单位

图书在版编目（CIP）数据

拨开迷雾：正确认识资本主义 / 杨静著. -- 济南：山东人
民出版社, 2023.12
（走进现实：马克思主义基本原理大众化 / 辛向阳主编）
ISBN 978-7-209-14012-6

Ⅰ.①拨… Ⅱ.①杨… Ⅲ.①马克思主义理论 – 研究 ②资
本主义 – 研究 Ⅳ.①A81 ②D091.5

中国版本图书馆CIP数据核字（2022）第207427号

拨开迷雾：正确认识资本主义
BOKAI MIWU   ZHENGQUE RENSHI ZIBEN ZHUYI

杨静 著

主管单位 山东出版传媒股份有限公司
出版发行 山东人民出版社
出 版 人 胡长青
社   址 济南市市中区舜耕路517号
邮   编 250003
电   话 总编室（0531）82098914
          市场部（0531）82098027
网   址 http://www.sd-book.com.cn
印   装 山东新华印务有限公司
经   销 新华书店

规   格 16开（169mm×239mm）
印   张 12.5
字   数 130千字
版   次 2023年12月第1版
印   次 2023年12月第1次
ISBN 978-7-209-14012-6
定   价 59.00元
        如有印装质量问题，请与出版社总编室联系调换。

总　序

　　党的十八大以来，习近平总书记数百次地强调坚持和发展马克思主义。2018年5月，在纪念马克思诞辰200周年大会上的讲话中，习近平总书记指出："马克思主义始终是我们党和国家的指导思想，是我们认识世界、把握规律、追求真理、改造世界的强大思想武器。"2021年7月，习近平总书记在庆祝中国共产党成立100周年大会上的讲话中强调，必须继续推进马克思主义中国化，坚持把马克思主义基本原理同中国具体实际相结合、同中华优秀传统文化相结合。2022年10月，习近平总书记在党的二十大报告中指出："只有把马克思主义基本原理同中国具体实际相结合、同中华优秀传统文化相结合，坚持运用辩证唯物主义和历史唯物主义，才能正确回答时代和实践提出的重大问题，才能始终保持马克思主义的蓬勃生机和旺盛活力。"我们要深入学习领会习近平总书记重要讲话精神，马克思主义不仅是我们党和国家的指导思想，也是我们认识世界、把握规律、追求真理、改造世界的强大思想武器。要充分发挥马克思主义的真理力量，就需要不断推进马克思主义中国化时代化，推进马克思主义理论大众化，从更深层次、更大范围内实现理论掌握群众和群众掌握理论，使人民群众学懂弄通并扎实践行习近平新时代中国特色社会主义思想，为实现中华民族伟大复兴提供行动指南。

马克思早在1843年《〈黑格尔法哲学批判〉导言》中就提出："理论一经掌握群众，也会变成物质力量。"列宁在1905年8月致阿·瓦·卢那察尔斯基的信中强调，为了通俗地叙述社会主义的任务，社会主义的实质和实现的条件，"写出一本有关这个题材的内容丰富又很通俗的读物是极端重要的"。他进一步于1917年5月《在彼得格勒党组织大会上关于俄国社会民主工党（布）第七次全国代表会议（四月代表会议）结果的报告》的提纲中提出："最马克思主义＝最通俗和朴实（转化）。"毛泽东同志在1942年5月的《在延安文艺座谈会上的讲话》中，提出了马克思主义"大众化"的要求，"就是我们的文艺工作者的思想感情和工农兵大众的思想感情打成一片。而要打成一片，就应当认真学习群众的语言。如果连群众的语言都有许多不懂，还讲什么文艺创造呢？"邓小平同志也曾于1992年春在武昌、深圳、珠海、上海等地的谈话中强调："马克思主义是很朴实的东西，很朴实的道理。""长篇的东西是少数搞专业的人读的，群众怎么读？要求都读大本子，那是形式主义的，办不到。"

2017年10月，习近平总书记在党的十九大报告中强调："必须推进马克思主义中国化时代化大众化，建设具有强大凝聚力和引领力的社会主义意识形态，使全体人民在理想信念、价值理念、道德观念上紧紧团结在一起。"从这些相关论述中可以看出，推进马克思主义中国化时代化大众化，要求我们学习、运用群众的语言，写出通俗、朴实的作品，以使马克思主义为人民群众所理解、掌握和运用。

马克思在研究纷繁复杂的资本问题时，恰是从人们最平常接触到的商品入手，"资本主义生产方式占统治地位的社会的财富，表现为'庞大的商品堆积'"。他从"商品"这个资本主义社会财富的"元素形式"出发，运用通俗易懂的示例和演算，逐步揭示了资本主义社会运行规律，指明了资本主义基本矛盾，使无产阶级越来越清醒地认识到自身的阶级状况和历史使命。因此，恩格斯在1886年11月5日为《资本论》写的英文版《序言》中，形容"《资本论》在大陆上常常被称为'工人阶级的圣经'"。列宁为了在人民群众中宣传普及马克思主义，十分重视报纸、传单等形式的运用。1913年7月波涛出版社成为俄国社会民主工党中央委员会的出版社后，遵照中央的指示，重点出版了列宁的《俄国的罢工》《马克思主义和取消主义》等宣传通俗读物。为了更通俗地宣传有关帝国主义的观点，列宁在1916年写作《帝国主义是资本主义的最高阶段（通俗的论述）》一书时，曾于7月2日致米·尼·波克罗夫斯基的信中提道："如果认为最好避免用帝国主义这个字眼，那就用：《现代资本主义的基本特点》。（《通俗的论述》这一副标题绝对必要，因为许多重要材料就是按照作品的这种性质来阐述的。）"这体现了列宁力图用通俗、朴实的语言向人民群众宣传的态度。毛泽东同志则对推进马克思主义大众化的形式进行了多方面的实践探索。他创办《湘江评论》等报刊宣传马克思主义，探索以农民运动讲习所和工人夜校等形式普及马克思主义。他旁征博引，古为今用，洋为中用，提出了"为人民服务""实事求是""星星之火，可以燎原""枪杆子里面出政权"等鲜活的语言来表述马克思主义。邓小平同志也善于运用并创造性地提出了"发展才是硬道理""两手抓、两手都要硬""科学技术是第一生产力"等朴实的话语来阐发马克思主义。

面对人民群众日益增长的精神文化需求，2014年10月习近平总书记在文艺工作座谈会上强调："要跟上时代发展、把握人民需求，以充沛的激情、生动的笔触、优美的旋律、感人的形象创作生产出人民喜闻乐见的优秀作品，让人民精神文化生活不断迈上新台阶。"实际上，不仅在文艺工作领域，在意识形态和理论宣传等领域也需要反映时代要求和人民心声、通俗易懂地宣传阐释马克思主义的优秀作品，以推进马克思主义中国化时代化大众化，促进人民群众对马克思主义的理解、掌握和运用。

为此，我们编写了《走进现实：马克思主义基本原理大众化》系列丛书。本套丛书是紧密联系现实的马克思主义基本原理大众化科学读本，说理透彻，时代性强。丛书分为六册，分别从马克思主义导引、科学实践观的整体原则、人类社会发展规律、正确认识资本主义、当代资本主义的发展、科学社会主义等六个方面展开解读，清晰阐释马克思主义的历史脉络及展望未来马克思主义的发展前景。

本套丛书主要有以下特点：

一是现实性。本套丛书坚持理论和实践、历史和现实相结合的原则，紧密结合当代世界发展的实际、当代中国发展的实际、马克思主义中国化发展的实际，探索马克思主义发展的科学规律及当代发展和未来趋势。丛书注重全面理解马克思主义理论体系的基本内涵、时代特征和历史发展，深入理解习近平新时代中国特色社会主义思想如何把马克思主义基本原理同中国具体实际相结合、同中华优秀传统文化相结合，不断发展马克思主义。

二是通俗性。面向大众，贴近生活，是人民群众读得懂、看得明白的马克思主义科学读本。虽然大众早已对"马克思主义中国化"耳熟能详，但真正能把马克思主义科学内涵和历史发展规律等厘清的大多是专业研究人员，对普通群众来说，马克思主义是"熟悉的，也是陌生的"。本套丛书立足马克思主义大众化，使马克思主义不再是象牙塔里研究的枯燥理论。它以通俗的语言生动地阐释了马克思主义的科学内涵、理论体系和精神实质，使广大群众能够较为轻松地学习理解并准确掌握马克思主义。

三是学术性。从历史、理论和现实结合的高度，以恢宏的理论视野、深刻的理论论证、清晰的发展脉络、翔实的文献资料，阐释了马克思主义的科学内涵、理论体系和精神实质的内在统一性，凸显了马克思主义基本原理和科学精神的历史发展及时代意义，具有说服力、穿透力。

四是客观性。本套丛书注重以客观公正的态度呈现马克思主义的真实面貌。比如第一册《走进圣殿：马克思主义导引》，从历史和当代双重视野如实展现了马克思主义的世界观、方法论及核心观点，感悟其科学性、学术性、实践性和真理性的魅力；第二册《立足整体：准确把握马克思主义理论体系》，从主体、客体与实践"三者一体"的整体性视阈客观呈现马克思主义理论体系；第三册《打开密钥：人类社会发展规律》，以马克思主义经典作家的相关论述为依据，阐释了唯物史观的基本内容及其对正确认识人类社会发展历程的指导作用；第四册《拨开迷雾：正确认识资本主义》，以马克思主义基本原理为指导，全景式呈现资本主义的确立过程、运行逻辑、制度本质及观念属性，为正确认识资本主义提供科学指引；第五册《前路何方：当代资本主义的发展》，用大量事实和数据揭示了当代金融资本主义的面目特征，引思当代资本主义的未来趋势；第六册《继往开来：科学社会主义》，在回首百余年科学社会主义的理论与实践，展望世界社会主义运动的光明前景中，客观阐释科学社会主义的基本内涵、理论体系和精神实质。

五是全面性。以生动翔实的文献资料展开论述，说理透彻，行文流畅，兼具学术性与通俗性，可供理论工作者和广大党员干部学习与研究马克思主义参考使用，对大众正确理解当代现实问题也具有引领作用。

因此，本套丛书作为一套兼具学术性和通俗性的大众化读物，力图找准将马克思主义基本原理转化为实践力量的切入点、结合点和着力点，用简明、朴实的话语，通俗、易懂的方式推动马克思主义大众化，既适合普通民众较为轻松地学习、理解和掌握马克思主义基本原理及其世界观和方法论，又可以满足高校师生等学界人士深入理解马克思主义的理论体系及其当代价值的需要。

希冀本套丛书的出版能够助益社会民众和学界人士对马克思主义基本原理的了解和把握，促进马克思主义在当代中国的传播和普及，从而不断推动"两个结合"走向深入！

辛向阳

2023年11月

目　录

第一章

确立过程

——资本主义的形成

人们常常提到"资本主义"，但究竟什么是资本主义？早在1980年，意大利记者法拉奇向邓小平同志提问："你是否认为资本主义并不都是坏的？"邓小平同志明确回答，"要弄清什么是资本主义"①。回答这个问题，首先需要弄清资本主义的确立过程，明白资本主义是如何产生并形成的。

资本主义的萌芽产生于中世纪晚期，在小商品生产中发生的两极分化为资产阶级的形成奠定了基础；使用暴力手段进行的资本原始积累让资产阶级成为资本所有者；资产阶级一旦成为资本所有者，就要竭尽全力维护本阶级的经济政治利益，确立资本主义制度并成为统治阶级，这是其维护资产阶级利益的最根本方式。资本主义社会取代封建社会，是生产力和生产关系、经济基础和上层建筑之间矛盾发展的必然结果，经历了漫长而曲折的过程。我们将运用唯物史观，从资本主义的萌芽、资本的原始积累

① 《邓小平文选》第二卷，北京：人民出版社1994年版，第351页。

以及资本主义的制度确立入手，逐步剖析资本主义的形成过程，为正确认识资本主义、拨开资本主义的迷雾奠定基础。

一、资本主义的萌芽：小商品生产者两极分化

我们知道，先进的社会形态取代落后的社会形态，是人类社会发展的客观规律。在人类社会发展史上，奴隶社会取代了原始社会，封建社会取代了奴隶社会。比如，斯巴达克起义是罗马共和国时期最大的一次奴隶起义，它在公元前73—公元前71年爆发，虽然以失败告终，却对罗马的奴隶制政权造成了严重的冲击，促进了奴隶制度的变革及罗马从共和制到帝制的过渡。同样，进入封建社会后，生产力和生产关系、经济基础和上层建筑之间矛盾的发展必然导致封建社会被新的社会形态所取代，而取代封建社会的正是资本主义社会。

从资本主义发展的历史来看，资本主义萌芽产生于14、15世纪的地中海沿岸城市，当时在威尼斯、佛罗伦萨等地开始出现手工业工场。经过漫长而曲折的发展历程，资本主义于16世纪正式形成，而地中海沿岸的意大利成为资本主义最早产生的地区。这马上会让人想到一个问题，即资本主义是如何产生的？

关于资本主义的起源，不同学者从不同研究视角出发，对这一问题进行了研究和阐释。我们将运用马克思主义基本原理，对

资本主义是如何产生的进行分析，将资本主义产生的途径归结为两个：一是资本主义在小商品生产者两极分化的基础上发展而来，二是资本主义在商人和高利贷者的商业活动中逐步形成。

我们首先从小商品生产入手，分析小商品生产与资本主义产生之间的关系。小商品生产，指的是以生产资料私有制和个人劳动为基础条件的商品生产，也可以将这种小商品生产称为简单商品生产。由此形成的小商品经济，就是简单商品经济。小商品经济是商品经济发展的一个历史阶段，从生产力和生产关系的特点来看，这个阶段的生产资料归商品生产者私人占有，同时生产者以手工劳动的方式进行商品生产。个体手工业和个体农民经济都是这种小商品经济的典型代表。

从原始社会末期开始，到奴隶社会和封建社会，都是小商品经济存在、发展的阶段。小商品生产同时存在于工业和农业领域。在工业领域，小商品经济的发展是从手工业开始的。原始社会末期的手工业以手工作坊的形式存在，小商品经济还很不发达。到了封建社会末期，小商品经济有了很大程度的发展。一方面，随着手工作坊的发展，一些生产条件比较优越的作坊主逐渐富裕、脱离生产劳动，把帮工和学徒变为雇佣工人，自己则成为剥削雇佣工人劳动的不劳而获者。另一方面，一些生产条件差的手工作坊，由于资金短缺、经营不善而破产，这些作坊主和帮工则沦为其他作坊主的雇佣工人，这就逐步形成了以雇佣劳动制度为基础的手工业。

小商品经济在农业领域的存在与农民和地主之间的生产关系密不可分。原始社会农业的技术水平是比较落后的，进入封建社会以后，农业耕作水平有所提高。随着农业生产技术水平的提高，农民之间的贫富状况产生了分化。少数富裕的个体农民的生产规模不断扩大，为了满足进一步扩张生产的需要，富裕农民开始雇佣他人从事农业生产，而一部分贫穷和破产的农民则因没有土地从事农业生产，日渐沦为农业的雇佣劳动者，于是逐渐产生了具有农业雇佣劳动性质的富农经济。

恩格斯曾在《〈资本论〉第三卷增补》中对小商品经济的发展历史作出生动描述："中世纪的农民相当准确地知道，要制造他换来的物品，需要多少劳动时间。村里的铁匠和车匠就在他眼前干活；裁缝和鞋匠也是这样。"[①]在供求平衡的条件下，交换总是大致上按照符合所耗费的劳动量的比例进行的。恩格斯接着指出，城市手工业者和农民在集市上直接进行交换时，同样是了解彼此的劳动条件的，大家按照各自耗费的劳动量来交换产品。"因此，中世纪的人能够按照原料、辅助材料、劳动时间而相当

———————————

① 《马克思恩格斯文集》第七卷，北京：人民出版社2009年版，第1016页。

精确地互相计算出生产费用——至少就日常用品来说是这样。"①

　　小商品经济在手工业和农业领域的渗透使得封建社会的社会性质发生了变化。小商品经济促使手工业技术水平提升的同时，促进了手工业群体的阶级分化。技术水平提升是体现在生产力层面上的，而阶级分化是小商品经济在生产关系层面上的体现。在这两方面的共同作用下，封建社会末期，伴随着社会生产力和小商品经济的不断发展，小商品生产者逐渐出现两极分化，手工业领域、农业领域的雇佣者和不劳而获者成为资本主义生产关系的初始形式之一。在这样的生产力和生产关系条件下，资本主义开始萌芽。

　　那么，商人和高利贷者的商业活动如何促进了资本主义的萌芽呢？第三次社会大分工之后，农业和手工业开始独立发展，在这种情况下，诞生了商人。商人是专门从事商品交换而不从事商品生产的人。马克思认为，商人"在文明时期便取得了越来越荣誉的地位和对生产的越来越大的统治权，直到最后它自己也生产出自己的产品——周期性的商业危机为止"②。在封建社会末期，伴随着小商品经济的发展，一些大商人逐步发展成包买商。

---

　　① 《马克思恩格斯文集》第七卷，北京：人民出版社2009年版，第1017页。
　　② 《马克思恩格斯文集》第四卷，北京：人民出版社2009年版，第185页。

　　商人和商业的出现是产业分化与阶级分化的结果。在世界的东方，中国很早就有商人。中国人很早就学会经商，夏代的商国人就开始了经商行为，商国第七任君主王亥被誉为中国商业始祖。[1]中国古代社会有着发达的商业，也孕育了初具规模的商业和商人。[2]西方的商人和商业要从古希腊谈起。古希腊的商业贸易一开始仅限于同一个岛上，正因为岛屿的空间有限，西方的商业从一开始就和航海有着紧密的联系。[3]这些商人最初在城市活动形成的就是商业资本主义。"在伊斯兰教诞生的七世纪初，商业资本主义就已初具规模。当时，麦加和麦地那就是位于重要贸易线上的繁荣商业城市。"[4]在农村形成的是种植园资本主义。到了封建社会末期，随着商人积累的财富不断增加，一些大的商人

---

　　① 中共商丘市委宣传部：《华商始祖王亥》，郑州：河南美术出版社2006年版，第1页。

　　② 秦朝是中国古代第一个统一多民族的国家，商业也一改战国时期的四分五裂状态，形成了统一的市场、统一的货币和度量衡，国家还统一了车轨的轨距，为社会经济的发展奠定了基础和条件。两汉又开通了陆上丝绸之路和海上丝绸之路，中外贸易逐渐发展起来。隋唐时期，国内商业和国际贸易更加发达。两宋时期商业繁荣，首先表现为城市商业的繁荣，北宋画家张择端的《清明上河图》形象地反映了开封城内商业的繁华景象。明清时期的商业更加繁荣，徽商和晋商的出现是明清时期商业繁荣的集中体现。

　　③ 航海业的发展离不开造船业，有了船，人们就可以到世界各地寻找原料和销售商品，西方所谓的蓝色文明、海洋文明由此揭开神秘的面纱。究其实质，蓝色文明起源于殖民掠夺和殖民贸易。

　　④ ［德］于尔根·科卡：《资本主义简史》，徐庆译，上海：文汇出版社2017年版，第33页。

开始包销小生产者的全部商品，提供他们所需要的原料、设备，这样就割断了小生产者与原料市场、销售市场的联系，大商人逐渐控制了这些小商品生产者。正如马克思所指出的，"随着交往集中在一个特殊阶级手里，随着商人所促成的同城市近郊以外地区的通商的扩大，在生产和交往之间也立即发生了相互作用。城市彼此建立了联系，新的劳动工具从一个城市运往另一个城市，生产和交往之间的分工随即引起了各城市之间在生产上的新的分工，不久每一个城市都设立一个占优势的工业部门。最初的地域局限性开始逐渐消失"①。到了一定的发展阶段，这些商业资本主义和种植园资本主义才演变为工业资本主义和金融资本主义。由此可见，商人和商业是资本主义萌芽时期非常重要的阶级主体和产业依托。

如前所述，当商品生产者出现生产困难时，商人和高利贷者借贷给商品生产者所需要的资金、原料和生产工具。随着商人和高利贷者侵入手工业领域，小生产者逐步沦为商人、高利贷者的债务人。当商品生产者一旦出现无力偿还的情况时，就只好交出自己的作坊来抵债。于是，这些作坊主便丧失了独立的生产者身份，连同其帮工和学徒都会成为商人或高利贷者的雇佣工人，商

---

① 《马克思恩格斯文集》第一卷，北京：人民出版社2009年版，第559页。

人或高利贷者则成为工业资本家，这成为资本主义产生的重要途径。

商业的发展对于资本主义生产关系的形成具有重要的促进作用，促进了地中海国家政策的转变，各国开始普遍实行重商主义政策。在重商主义的推动之下，包买主逐渐变成工业资本家，从而加速了资本主义生产关系的形成。

在重商主义成为经济领域的主导思想之前，欧洲最重要的经济理论是中世纪的经院哲学。经院哲学本质上是基督教哲学，是中世纪占统治地位的各哲学学派的总称，其产生是为了调和理性与信仰之间的矛盾，试图用哲学和科学解释教义，旨在建构一种能够融合基督教的虔信教义和世俗正义原则的理想制度。而在经济领域，经院哲学主要关注微观个体的经济行为和地方性、区域性的个体交换。经院哲学虽然有其内在缺陷，但在思想领域引入了新的思维方式，培育了唯物主义和理性主义，为重商主义的兴起准备了条件。

《圣经》谴责了私人财产、财富以及人们追求的经济利益，尤其反对高利贷者。为了使基督教教会制度思想与封建时代经济发展实际相容，经院哲学家托马斯·阿奎那提出私人财产的增长是对自然法则的补充，从而为私人财产正名。他仿效亚里士多德，赞成由国家制定私人财产规划，并认可私人财产的不平等分配。但是与此同时，阿奎那等经院哲学家强调公正价格。例如，阿奎那反对出于不仁慈动机的生产和交换，他认为高利贷本身是不公正的，不可避免地会导致不公正、不平等。

重商主义为商业资本主义发展成工业资本主义准备了理论基础。在重商主义作为意识形态出现的时期①，资本主义生产方式还没有确立起来，工业资本主义还处于初步发展的状态。随着商业的发展，商业资本促进了封建自然经济的解体和国内外自由贸易的发展。为了进一步发展商品和贸易，商业资本家要求采取一系列的经济措施，这些措施就是重商主义在政策领域的具体体现。伴随着重商主义政策不断被运用到经济领域，重商主义思想开始逐步取代经院哲学，开启了重商主义的经典时代。

根据重商主义狭义的贸易理论，暴力掠夺成为商业资本主义开拓市场进而进行原始积累的最初手段。重商主义秉持着与经院哲学完全不同的观念和原则，这一时期的决策者广泛地接受了马基雅维利的权力话语和国际关系领域的国家利益至上原

---

① 历史上把15—18世纪称为重商主义时期。从实践意义层面来看，重商主义并没有真正促进国家的富强和稳定。纵使西班牙从南美洲掠夺很多金银，仍然没有成为最终真正维持欧洲海洋霸权的国家，其霸权地位不久便被英国取代。纵使科尔贝治国有方，法国掠夺来的财富还是被路易十四在多次欧洲战事中挥霍得分文不剩。英国人最初也是信奉重商主义的，最终却在重商主义的"保护"下，被自己曾经的北美殖民地、后来居上的美国赶下了霸权的神坛。

则。重商主义对商业资本主义的形成和发展具有重要影响。重商主义的形成时期正值欧洲经济转型过渡阶段，孤立的封建领地逐渐为绝对主义的国家所取代，造船业的发展以及城市中心的发展使得国际贸易大幅度增长，重商主义所关注的是如何通过贸易获得国家利益。由此，商业资本主义的发展必然引起广泛的暴力冲突。

重商主义将货币看作财富的唯一形态，把货币的多寡视为衡量一国财富的标准。重商主义者认为，国内贸易不会增加一国货币的总量，而对外贸易可以。重商主义认为一国通过出口可以从国外获取货币进而增加国家财富。重商主义主要研究如何进行国际贸易，也就是通过鼓励商品出口、限制商品进口来增加金银货币流入，进而增加国家财富。

如前所述，战争成为重商主义理念下掠夺财富的重要手段。这是因为，重商主义认为世界的贸易水平是恒定的，扩大一个国家贸易额的唯一方式，就是从别国那里进行掠夺；而战争是掠夺财富的最佳途径。历史也证明，当时的许多战争，如英荷战争、法荷战争，都是重商主义主张在国际关系中的表现形式，都和重商主义主张的推行有着密切的联系。这一时期无休止的战争又反过来进一步巩固了重商主义，因为重视商业会被视为获得军事胜利的重要因素。重商主义决定了这一时期西方国家的扩张行径，每个国家都试图通过占领殖民地获得原材料及排他性市场。在重商主义的驱动之下，这一时期欧洲列强的势力扩张到了全球，这种交互式的发展进一步推动了资本主义的形成。

此外，重商主义关注的核心是财富与市场。在重商主义理念支配下，西方国家认为通过刚刚兴起的航海业就可以到世界各地拓展市场和寻找原材料，而地理大发现让这样开拓世界市场的方式成为可能。当工商业、航海业和国际贸易紧密联系在一起的时候，以国家面貌出现的商业国际化和世界市场就成为封建社会末期资本主义萌芽的初始条件。

一方面，快速致富是信奉重商主义的西方国家的共同想法。纵观西方国家的资本主义发展史，最初他们并不是通过自身艰苦的工业化积累财富的，而是想快速致富；但是快速致富只有在不平等贸易过程中掠夺他国财富才能实现，这种掠夺必然会导致战争的爆发。为此，就不难理解为什么在重商主义流行时期西方国家之间战争连年不断了。

另一方面，重商主义是西方国家发动战争、建立殖民地、掠夺财富的理论盾牌和行动借口。从理论上讲，重商主义是封建社会末期向资本主义过渡时期，即资本原始积累时期的经济理论学说，主要以商业资本为研究对象，以流通领域为关注核心，这样的经济学理论只能成为引发战争和开展不平等贸易的理论来源。从行动实践来看，在地质勘探产业不发达的情况下，商业发展严重依赖原材料，直接获取和寻找原材料成为西方工商业发展的必要条件；只有建立了殖民地，那些殖民地附属国的原材料才能源源不断地运往列强国家手中。就这样，重商主义主导了殖民地的产生、世界市场的开拓、战争的爆发，而这些恰恰为西方国家进行资本原始积累创造了条件。

二、资本的原始积累：暴力手段剥夺生产资料

暴力为什么成为资本原始积累的手段？暴力和资本主义制度的建立有着怎样的逻辑联系和历史联系？暴力作用的结果又是怎样的？在资本主义发展过程中，暴力在不同时期的演变形式是怎样的？

资本主义发展历史告诉我们：早期资本主义拉开了血腥暴力的序幕，自由竞争资本主义加剧了暴力战火的燃烧，垄断资本主义把暴力作为重新瓜分世界的武器，而帝国主义本身就是暴力。暴力与资本主义如影随形。

从资本主义的萌芽过程来看，其发展所需的条件是通过暴力形式获得的，也就是说，资本主义生产关系诞生所需要的有利条件是通过暴力进行的资本原始积累实现的。马克思认为："暴力

仅仅是手段，相反，经济利益才是目的。"①可见，暴力是资本主义获得经济利益的方式。

在这里，我们重点阐述暴力与资本原始积累之间的内在关系。封建社会时期，劳动者同地主之间的关系是人身依附关系，劳动者没有自由；而进入资本主义以后，劳动者获得了人身自由，这种情况的出现是通过暴力实现的。资本主义生产关系的形成在经济上客观需要具备两个基本条件：一是大批丧失了生产资料、具有人身自由的劳动者；二是在极少数人的手里，积累了大量的财富，以便于进行资本主义生产。这两个基本条件通过小商品生产者的两极分化而逐渐得以满足，但是单纯依靠小商品生产者个体的分化要经过相当漫长的过程。新的资本家以暴力方式促进了资本主义的发展，加快了这两个条件的产生及满足。在资本主义萌发过程中以暴力方式促进资本主义的发展，被视为资本的原始积累过程。资本原始积累的实质是以暴力手段掠夺小商品生产者，将其与生产资料分离，而极少数资本家手中迅速积累起生产资料和货币，将丧失生产资料的劳动者转化为出卖劳动力的雇佣工人。

由此可以看出，暴力在资本的原始积累过程中起到了"一箭

---

① 《马克思恩格斯文集》第九卷，北京：人民出版社2009年版，第167页。

三雕"的作用。暴力既掠夺了小商品生产者的生产资料，又迫使劳动者与生产资料分离，还造就了拥有生产资料的资产所有者。

从15世纪初期开始，由于西欧社会生产力的发展，不断加深的社会矛盾驱使人们将目光投向海外。1492年，西班牙国王资助哥伦布去探索新航路，并封他为新发现统治地的世袭总督，哥伦布到达了欧洲人过去从未到过的北美大陆，揭开了资本主义殖民史的扉页。新大陆的发现，为资本主义生产方式的形成注入了新的活力，加速了资本原始积累的过程。

资本原始积累在历史上以英国最为典型。在英国历史上，"羊吃人"的圈地运动是资本原始积累的主要方式。英国圈地运动产生于15世纪末，由于农奴制的解体，资本主义生产关系在封建社会中萌芽，纺织业逐步发展起来。15世纪末，随着纺织业的发展，社会对羊毛的需求激增，羊毛价格大幅提高，养羊成为有利可图的行业，牧场的利润远高于耕地的利润。于是，为了发展牧羊业，西欧新兴资产阶级和新封建贵族用栅栏将土地围成牧场，采用资本主义生产方式进行经营。在圈占了荒地、森林等公地之后，新封建贵族和新兴资产阶级开始使用暴力剥夺农民土地，强占农民的租地，把农民从土地上赶走；捣毁农民住宅，将大片耕地变为牧场。被迫失去土地和家园的农民因为被剥夺了生产资料而不得不转变身份，到资本主义工场中充当雇佣劳动者。那些不愿离开故土的农民，往往被活活打死、烧死或绞死。人们悲愤地把这种罪恶的颠倒称作"羊吃人"。遍及英国的"羊吃人"运动，使全英国四分之三的土地被围成了牧场，一群又一群失去土地的农民，顷刻间变成了无家可归的流浪者。17世纪后期，伦敦每四个人中，就有一个是沦为乞丐的农民。

针对英国的圈地运动，托马斯·莫尔在《乌托邦》中这样写道："'你们的羊，'我回答说，'一向是那么驯服，那么容易喂饱，据说现在变得很贪婪、很凶蛮，以至于吃人，并把你们的田地，家园和城市蹂躏成废墟。'"①这就是在英国发生的"羊吃人"的血腥历史的本质。"羊吃人"的圈地运动带来两个后果：一个是地主贵族用暴力圈地养羊，牟取巨额利润，变成了资产阶级化的新封建贵族阶级；一个是大批的农民被迫离开自己的家园，变成了一群无家可归的流浪汉，不得不进城谋生，从而成为雇佣劳动者和工业后备力量，为英国资本主义的发展提供了大量的廉价劳动力。英国、德国、法国、荷兰、丹麦等国家相继出现过这种情况，但其中最典型的还是英国。

资本原始积累过程中资本家的暴力掠夺为资本主义的产生创造了物质、人力、制度等有利条件。就物质条件而言，资产者

① ［英］托马斯·莫尔：《乌托邦》，戴镏龄译，北京：商务印书馆1982年版，第21页。

对手无寸铁农民的掠夺是残酷和血腥的，所谓"羊吃人"的本质不过是"人吃人"罢了，是由资产者所形成的资产阶级通过暴力手段残酷掠夺无产者手中生产资料的过程。就人力条件而言，原来隶属于地主的农民经过暴力打击之后，变成了一无所有的自由劳动者，且这些劳动者不是单个的、少数的，而是集体的和多数的，乃至于形成了马克思、恩格斯所说的无产阶级。庞大的无产阶级为资本主义后来的工业革命准备了可供资本家无休止剥削的产业后备军。就制度条件而言，资产阶级在实施暴力手段获得生产资料和劳动力之后，用雇佣劳动制度将无产阶级囚困在资本主义生产关系之中。

殖民贸易是掠夺式暴力的另一种表现形式。为了积累资本和获取自然资源，资本家不惜远渡重洋，开辟并掠夺海外劳动力资源和自然资源，以便服务于资本原始积累。那么，到哪里掠夺资源和劳动力，又以怎样的方式进行掠夺呢？掠夺者用暴力占领了一个国家或者一个区域，这个国家或区域就成为殖民地。殖民地范围内的劳动者在资本家眼里成为可以任由他们奴役的奴隶。

因此，在殖民时期，奴隶贸易就成了资本家掠夺劳动力的主要来源。15—19世纪，西方殖民统治者大肆劫掠和贩卖黑人，以弥补美洲劳工短缺的问题。为给美洲殖民地的农场和矿井输送劳工，西方殖民者从非洲绑架大量的黑人并把他们运送到诸如美洲这样的地方，这体现出非洲黑奴贸易的残酷性。奴隶贸易在非洲持续了4个多世纪，其中从16世纪到19世纪，被贩卖到美洲的黑人就达1500多万，这成为非洲最灰暗的一段历史。[①]西方殖民者从黑奴贸易中获得了巨额利润，为西方资产阶级利用这些巨额利润发展生产力从而进入工场手工业繁荣阶段奠定了基础。可以说，新兴资产阶级采取了以武力向国外扩张的方式，不断在国外实行殖民统治，实现了资本的原始积累。

除了进行黑奴贸易，西方殖民者还对印第安人进行了残酷的种族灭绝和经济掠夺。15世纪，当哥伦布率领西班牙水手第一次踏上美洲大陆的时候，当地纯朴的印第安人把他们当作远道而来的客人，以丰盛的佳肴款待，以珍贵的礼物相赠。可是这些不请自来的所谓的"文明客人"，很快就露出了野蛮的强盗嘴脸，在这里导演了一幕幕灭绝人性的惨剧。在欧洲殖民者统治美洲的三百多年中，有2500多万印第安人被屠杀。墨西哥的印第安人减少了90%，秘鲁的印第安人减少了95%，海地和古巴的印第安人几乎惨遭种族灭绝。而殖民者掠夺的黄金，却装满了一船又一船运回欧洲。仅西班牙殖民者就从美洲掠走黄金250万公斤，白

---

① 总政宣传部：《走向英特纳雄耐尔——历史必由之路》，北京：解放军出版社1991年版，第46—48页。

银1亿多公斤；葡萄牙从巴西一个地方掠走的黄金，其价值就高达10多亿美元。[①] 来自美洲大陆带血的黄金，为欧洲资本主义的形成及发展奠定了基础。

航海业的发展让殖民者的奴隶贸易空间变得更加广阔。西欧国家国土的有限性让贪婪的资本家总是希望能开辟更广阔的区域以获得奴隶和资源。从这个意义上讲，新航路的发现使全球性的联结成为可能，为资本主义初期的奴隶及资源掠夺创造了基础。文艺复兴和宗教改革以来出现的新观念成为地理大发现的精神动因。得益于包括地理学、航海学和造船业的进步在内的新科技进步，中世纪后期跨越欧亚大陆的一系列探险和远征奏响了地理大发现的序曲。到了14—15世纪，资本主义已经在西欧一些国家萌芽，欧洲同亚洲、美洲、非洲的联系也大为加强。15世纪末，西欧各国开始了资本原始积累的过程，日益强大的葡萄牙、西班牙、法国、英国等国中央王权和大小贵族迫切要求向海外寻找土地和黄金，即寻求财富。对黄金的渴求成为驱使商人、航海家和探险家远航东方的根本动力。与此同时，西欧造船技术的进步、地理知识的积累、地圆说的传播以及由中国传入的罗盘的运用，都为欧洲人从事远航提供了条件。

---

① 总政宣传部：《走向英特纳雄耐尔——历史必由之路》，北京：解放军出版社1991年版，第43—46页。

地理大发现在开创世界市场的过程中帮助西欧各国完成了对殖民地的瓜分，可以说地理大发现是近代西欧列强殖民掠夺和瓜分殖民地的开始。"美洲的发现、绕过非洲的航行，给新兴的资产阶级开辟了新的活动场所。"[①]这些新的活动场所就是资产阶级开辟的世界市场的组成部分，这些组成部分包括东方的印度和中国、非洲、美洲大陆等。印度和中国是亚洲范围内的原材料市场，而后北美大陆也逐渐被殖民化，处于落后状态的非洲更是成为欧洲列强鱼肉的新殖民地。随着世界市场的建立，资产阶级对殖民地的贸易、交换手段和一般商品的增加，商业、航海业和工业日益兴盛，促进封建制度瓦解的革命性成分得到了快速的发展。

由此可见，以殖民贸易为主要内容的资产阶级掠夺成为建构世界秩序的主要手段。这个由资产阶级一手建立起来的世界秩序具备这样几个特点：一是商业中心的建立和转移是世界秩序形成的表象；二是工业革命和商业革命一起建构了世界范围内的资产阶级群体，资产阶级又通过资本主义制度将这种利益关系政治化，从而展现出一种新的社会生产关系；三是经济革命与政治革命在将世界市场固化的同时，也将资本主义生产方式普遍化。特

---

① 《马克思恩格斯文集》第二卷，北京：人民出版社2009年版，第32页。

别是新航路和新大陆的发现，使得欧洲的商业重心从地中海区域转移到大西洋沿岸。伴随地理大发现而出现了商业革命，跨越大洋的贸易异常活跃，商人逐步取代地主而成为社会中最有力量的阶级。"不断扩大产品销路的需要，驱使资产阶级奔走于全球各地。它必须到处落户，到处开发，到处建立联系。"①在英国、法国和其他新兴国家，资产阶级行将控制国家的政治机器。而从更广的角度看，地理大发现使全球从封闭走向联系，从此开始了资本主义殖民扩张的历史，构造了资本主义的世界格局。在欧洲通过掠夺而日渐强大的同时，非洲、亚洲的大部分地区都沦为殖民地、半殖民地，旧的世界秩序被彻底破坏。"由此可见，现代资产阶级本身是一个长期发展过程的产物，是生产方式和交换方式的一系列变革的产物。"②

通过地理大发现，新兴资产阶级不断开拓新的市场，并大量掠夺殖民地的金银财富，从而极大地促进了欧洲从封建生产方式向资本主义生产方式的快速转变。与此同时，在西方国家内部，新兴资产阶级大肆掠夺本国劳动人民，采取发行国债、增加税收、保护关税等手段，聚敛货币财富，从而积累起大量货币资本。这可以看出，资本原始积累的过程，也是为资本主义制度的

① 《马克思恩格斯文集》第二卷，北京：人民出版社2009年版，第35页。
② 《马克思恩格斯文集》第二卷，北京：人民出版社2009年版，第33页。

建立而加速准备条件的过程，对此，马克思评论道："这种剥夺的历史是用血和火的文字载入人类编年史的。"①正是在这个意义上，资本主义的产生过程是伴随着罪恶与贪婪的，"资本来到世间，从头到脚，每个毛孔都滴着血和肮脏的东西"②。一旦资产阶级成为统治阶级，其所宣扬的平等自由博爱的箴言，实际上变成其为自身的合法性所作的辩护，这无非是一种本质上"历史虚无主义"的表现。西方经济学忽视历史维度和生产关系维度，提出以抽象的数理"模型"表征现实世界进程，就是资产阶级在思想领域"去历史化""去意识形态化"的明证。

三、资本主义制度的确立：历经反复、曲折及扩张

资本主义产生之后，历经反复和曲折，不断扩张，最终得以确立。"用新的阶级、新的压迫条件、新的斗争形式代替了旧的。"③在文化方面，文艺复兴和宗教改革不仅为资本主义思想的产生准备了条件，也为资本主义制度的诞生奠定了基础，还为资产阶级意识形态的形成积累了素材。经济方面，以科学和技术进步为先导，以资本主义劳动雇佣制度和工厂制度为内容的经济制

---

① 《马克思恩格斯文集》第五卷，北京：人民出版社2009年版，第822页。
② 《马克思恩格斯文集》第五卷，北京：人民出版社2009年版，第871页。
③ 《马克思恩格斯文集》第二卷，北京：人民出版社2009年版，第32页。

度创新为产业革命的发生创造了前提。正是在这些前提条件下，各个主要资本主义国家先后完成了产业革命，确立了自己的物质技术基础，取得了经济领域的统治地位。在政治方面，资产阶级在日渐形成的资产阶级意识形态统领下，凝聚成资产阶级革命的行动共识，通过完成资产阶级革命建立资产阶级政权；当资产阶级掌握政权后，反过来又进一步推行以自由主义为基础的意识形态，在上层建筑领域确立了自己的统治。至此，资本主义政治制度才算构筑起来。

资产阶级统治地位的确立和资本主义生产方式支配地位的形成，标志着包括资本主义经济制度、资本主义政治制度和资本主义意识形态在内的资本主义制度的最终确立。

（一）文艺复兴和启蒙运动

文艺复兴最初是从意大利开始的。14、15世纪，意大利的资产阶级大力提倡"复活"和"再现"古希腊、古罗马文明，并在文化和社会各个方面掀起了一场革命运动。文艺复兴以人文精神为指导，以"人乃万物之本"为核心，提倡把个体看作衡量所有事情的标准。人文精神强调人性，倡导人格和权利，强调人格的解放，与天主教的宗教信仰相对立；提倡享受，抵制节制；倡导文明，抵制封建主义。文艺复兴是一场反映新兴资产阶级要求的思想文化运动，是一场人性与神性的战争，是人权对神权的颠覆。欧洲的近代革命，就是以文艺复兴为开端的。

文艺复兴在社会和文化发展中发挥了巨大的促进作用。文艺复兴提倡人文精神，其核心思想是主张以人为中心，而非以神为中心，从而将上帝从神坛上拉下，以人为中心，是对人的价值与尊严的肯定。文艺复兴提倡生命的终极目标是在真实的生活中寻求快乐，提倡每个人都要勇敢地反对愚昧迷信，提倡人要追求个人的自由，认为人是真实世界的创造者和主人。正是在这样的人文主义思潮影响下，人们开始勇敢地站出来批判宗教，揭露天主教的黑暗、腐朽、虚伪之处。文艺复兴是宗教改革的先声，推动和引发了轰轰烈烈的宗教改革，从而开创了现代世俗国家的雏形。文化领域内以人为中心的内容及严谨典雅的形式都成为后世学习的典范。

欧洲的文艺复兴推动者是人文主义者。他们的卓越贡献为近代自然科学打下了坚实的基础。自然科学的发展需要自由的人文环境，而神学禁锢了人们的思想从而限制了自由的思考，教皇至高无上的独裁直接碾压了人们自由思考的空间和可能，伟大的文艺复兴"三杰"之一的但丁正是因为写了反对教皇独裁的《神曲》才入狱。可见，文艺复兴所倡导的自由是付出了血的代价才换来的。除了但丁的《神曲》，文艺复兴还有另一位代表人物薄伽丘，薄伽丘撰写的《十日谈》，成为以讽刺宗教神学和解放人类思想为主要内容的欧洲文学史上第一部现实主义巨著。正是在但丁、薄伽丘等人文主义杰出人物的影响下，人们才认清了宗教的真面目和本质，才形成了推翻政教合一式教皇统治的共识，文艺复兴运动才如火如荼地在欧洲兴盛起来。欧洲的文艺复兴是一次伟大的思想解放运动，它反映了资本主义打破封建主义精神束缚、解放生产力、建立新生产关系的需要。

17—18世纪，启蒙运动在欧洲展开。它起源于英国，而后发展到法国、德国与俄国，但是主要集中于法国，其后又传入荷兰和比利时。启蒙运动是启迪蒙昧，反对愚昧，反对宗教，提倡普及文化教育的运动；与封建专制主义作斗争、与特权作斗争，提倡理性。宗教从意识层面禁锢了人们的思想自由，进而禁锢了人们可能的理论创新和科技创新。[①]封建专制主义和特权禁锢了人们的行为，禁锢了人们追求真理、追求科学、追求公平。相对于封建主义思想体系而言，这种资本主义的思想是一种先进的、与时代趋势一致的思想，是当时资产阶级需要的意识形态。

启蒙运动是一种思想活动，它能深入人类内心。从本质上

---

① 刘同舫：《启蒙理性及现代性：马克思的批判性重构》，《中国社会科学》2015年第2期。

讲，启蒙运动是一场宣传资本主义意识形态的运动，而不是纯粹的文艺活动。首先，启蒙运动是一个政治过程。启蒙运动的思想者以政治自由与独裁统治相抗衡，以信仰自由与宗教压制相抗衡，以自然神与无神论者来毁灭天主教的权威与宗教象征，以"天赋人权"为口号，以"君权神授"为借口，以"法律面前人人平等"，来反抗贵族特权。其次，启蒙运动是一场广泛而深入的教育运动。如果这些启蒙思想只停留在启蒙思想家群体中，而没有传播到人民群众中去，那么，这充其量不过是启蒙思想家自己的游戏而已。然而事实是，启蒙思想家们将这些闪耀着进步启蒙思想的内容广而告之，他们用这些思想启发教育群众，让这些启蒙思想深入人心，并获得了绝大多数民众的认同和理解。最后，启蒙运动还是一场革命行动。启蒙思想家们用启蒙思想教育了资产阶级精英，这些精英成为资产阶级斗士，带领人民群众推翻封建主义的统治，建立资产阶级政权。由此可见，启蒙运动既是文艺复兴时期新兴资产阶级反封建、反教会斗争的继续和深化，也是资产阶级政治革命的理论准备阶段。

启蒙思想成为资产阶级革命的指导思想。启蒙思想家通过自己的理论塑造了一些开明的君主，同时用自己的理论鼓舞和武装了渴望推翻专制暴君的人民，为其行动提供了切实可行的理论依据。启蒙思想家的最大功绩在于实现了"历史的合法性逐渐让位于公意与理性"①的嬗变。在启蒙思想的鼓舞之下，美国爆发了革命，以启蒙思想家的理论为指导方针发表了《独立宣言》，将启蒙思想付诸实践。启蒙思想家的理论也指导了法国大革命，法国大革命提出的政治主张和共和国的建制理想，都体现了启蒙运动的思想指向。

（二）产业革命

近代早期由伽利略、培根、笛卡尔、牛顿、莱布尼茨奠定的近代科学思维的基础，为人类提供了观察和剖析世界的武器。到18、19世纪，人类已经完全摆脱了束缚在科学技术思想上的各种羁绊，能够更加直接地面对自然界，科技的发展也进入了一个全新的时代。18世纪中叶至19世纪间的工业革命，是自资本主义时代以来，最早出现的科技变革。工业革命始于18世纪60年代的英国，最早发生在纺织工业，以蒸汽机的出现与运用为标志，后来遍及化学、冶金及机器制造业。机械的发明和其在轻工业界的普及，进一步促进了重工业、交通运输业等行业的改革，从而大大提高了社会生产率。

英国工业革命促成了工业生产从工场手工业向机器大工业

---

① 汤晓燕：《十八世纪法国思想界关于法兰克时期政体的论战》，《中国社会科学》2018年第4期。

的转变，促成了从家庭工业向大工厂的转变，大大加快了资本主义的整体发展。工业革命虽然以英国为中心，但并不是英国特有的现象，其他主要资本主义国家纷纷经历了工业革命的过程。到19世纪30年代末，英国首先完成了工业革命。比利时的工业革命在1840年左右基本完成，在根特建立了棉纺织中心，大力发展了冶铁业，在塞兰建立了当时欧洲最大的铁工厂，并开始兴建铁路；法国也在资产阶级革命后迅速开展了工业革命，建立了鲁贝和里姆的毛纺织业中心、里昂的丝织业中心，拥有大量的蒸汽机并广泛使用，大致到19世纪60年代末期，法国的工业革命已经完成；德国的工业革命在19世纪40年代末迅速发展，德国尤其重视重工业的发展，鲁尔的炼铁业和炼钢中心，遍布全境的铁路以及新兴的化工工业和电器工业，都为工业革命的全面展开提供了基础，到19世纪80年代，德国完成了工业革命；美国则通过颁布《专利法案》，采用标准化生产体系，重视农业和铁路的建设而迅速崛起，逐渐成为国际社会举足轻重的国家之一。在这一时期，新的生产工具特别是蒸汽机的广泛应用和工业革命的胜利，促进了社会生产力的飞跃发展，资本主义生产方式最终战胜封建生产方式而确立起来。

西欧的产业革命是以自然科学的创立和科学技术的创新为前提的。自然科学革命改变了原有与之相关技术的理论基础知识，再通过生产生活过程中的实践产生新的技术。[①]因此，出现重大技术突破，特别是基础性的技术创新，其背后必然有基础知识的革新，这种革新过程就表现为自然科学革命。没有自然科学革命，技术创新就成为无源之水，无本之木。在世界发展进程中，自然科学革命在重大技术创新过程中起着基础性的作用。

自然科学的发展为第一次工业革命中出现的新技术奠定了知识基础，对此恩格斯在近现代科学时期，就提出了科学技术的加速发展。随着科技的飞速发展，新技术、新工艺、新产品层出不穷，科技成果向生产力的转换和商品更新不断加快。这是社会化大生产发展的另一个主要方向。由此可以看出，科技，尤其是科技革命，成为促进人类社会发展的一股革命性动力。马克思曾对科技在人类社会中的巨大历史地位作出深刻而生动的总结，把科学看成"一种在历史上起推动作用的、革命的力量"[②]。现代分工、蒸汽机和机械的运用，成为"从上世纪中叶起工业用来摇撼世界基础的三个伟大的杠杆"[③]。当今世界各国如火如荼发展的人工智能、大数据等新技术都是在物理学与数学等通信理论的革新中建立起来的。可见，没有自然科学革命，就没有技术革命，也就没

---

① 刘美平：《中观政治经济学》，长春：长春出版社2020年版，第51页。
② 《马克思恩格斯文集》第三卷，北京：人民出版社2009年版，第602页。
③ 《马克思恩格斯文集》第一卷，北京：人民出版社2009年版，第406页。

有产业革命。这是产业革命在科学和技术层面的唯物史观。

与此同时，西方的产业革命是以制度革命为核心内容而展开的。我们外在看到的是轰轰烈烈的技术变革和新产品，而隐藏在技术革命背后的却是驱动技术进步的制度革命。这些制度革命不仅包括资产阶级政权意义上的革命，还包括具有激励作用的经济运行层面的制度革命。在《西方世界的兴起》一书中，系统经济学家们对技术进步、教育、资本积累和规模经济等问题产生了怀疑，指出体制对经济发展的重要影响。他们从英国和荷兰两个国家的历史发展中总结出，"高效的经济机构是经济发展的核心"，"高效的机构必须制定体制并建立自己的产权，从而产生一种激励机制"[①]。英国和荷兰通过体制创新，如产权改革，实现了经济的快速发展。特别是英国，正是在这样的大环境下，成为第一个完成工业革命的国家并成为全球最大的经济体。

如果没有制度革命的支持，产业革命就不可能取得最后的成功。由于英国具有制度革命的支持，因此英国实现了产业革命的彻底胜利。这些制度革命包括工厂制度革命和雇佣劳动制度的诞生。就工厂制度而言，安德鲁·尤尔指出，当工人从属于机器体系之后，自动化工厂就必然要求工人服从机器，这是工厂制度的

---

① ［美］道格拉斯·诺思、罗伯斯·托马斯：《西方世界的兴起》，厉以平、蔡磊译，北京：华夏出版社1999年版，第4页。

产生机理与纪律精神。对此，马克思深刻地指出："尤尔，工厂制度的这个无耻辩护士，尽管在英国受到驳斥，但是他毕竟是有贡献的，因为他第一个正确地理解了工厂制度的精神，并且准确地表述了自动工厂同以分工为基础的工场手工业之间的差别和对立。"① 与之恰成对照的是，此前的世界强国西班牙和葡萄牙，由于制度创新停滞而走向了衰落。这些例证，充分表明制度革命对于促进经济发展的重要意义，制度革命是推动产业革命的重要因素。英国的卡萝塔·佩蕾丝认为，"每次技术革命带来了巨大的财富创造潜力，充分展开这种潜力需要每次都建立一套完整的社会制度"②。工厂制度后来演变为企业制度，也就是今天的公司治理制度。正是工厂制度规范并夯实了产业革命微观组织的基础。

产业革命还需要一系列商事制度为其发展建立规范的企业交易制度。这些商事制度包括财产保护制度、专利制度、自由竞争制度等。充斥在企业之间并且规范企业行为的制度就是商事制度，商事制度的核心是保护私人财产。产业革命得以顺利进行的背后，是一系列商事制度变革对产业革命的支持。在工业化支撑

---

① 《马克思恩格斯全集》第四十七卷，北京：人民出版社1979年版，第526页。

② ［英］卡萝塔·佩蕾丝：《技术革命与金融资本——泡沫与黄金时代的动力学》，田方萌、胡叶青、刘然等译，北京：中国人民大学出版社2007年版，第29—30页。

的西方国家兴起过程中，私有财产权制度非常重要。产业革命过程中，必然要求私有财产得到保护。保护私有财产是商品经济发展的内在要求，"商业经济要想达到繁荣，就必须确立、至少在某种程度上确立对财产的保护"[①]。

专利制度确保了科技创新成果归资本家所有。工业革命向纵深发展需要科技创新，科技创新离不开发明与创造，而发明与创造如果没有相应的制度保护，就会影响发明人与创造人的积极性和主动性，尔后还会影响投资者的切身利益。从保护发明人的切身利益角度来看，专利制度应运而生。[②]科学合理的专利制度，不仅可以促进人才不断探索、不断创新，有效保护专利权与知识产权，还会形成促进社会良性循环的健康氛围。表面上看，专利制度保障了发明人的权益，而实际上保护了资产阶级的利益。需要指出的是，推行专利制度会产生一种结果，即隶属于资产阶级的任何一个人的发明创造成果都能归资本家集团所有。从当前的情况来看，专利已经成为资产阶级集团利益不受侵害甚至垄断发

---

① ［英］约翰·希克斯：《经济史理论》，厉以平译，北京：商务印书馆1987年版，第35页。

② 专利制度的萌芽最早发生在英国。据史料记载，1449年约翰以彩色玻璃制造方法申请保护期，获得为期20年的独立垄断权，这是英国第一件发明专利。1623年，英国颁布《独占条例》，标志英国第一部专利法案的形成。1660—1750年，在专利保护制度激励下，英国的科技成就数量约占世界总数的40%。数据来源参见王章辉、孙娴主编：《工业社会的勃兴——欧美五国工业革命比较研究》，北京：人民出版社1995年版，第162页。

明创造的一种手段。技术专利在技术上的垄断地位必须引起人们的警觉。专利制度一旦被强权利用，就会失去其正当性。就像当代资本主义国家所订立的一系列贸易版权条约，其根本目的是利用自己的技术和政治力量来避免国际上的公平竞争，以此来巩固本国的跨国公司在全球范围内的垄断地位。

自由竞争制度为产业革命向纵深发展提供了源源不断的劳动力和资本自由扩展的空间。为了使整个资产阶级获得资本的自由，资本驱使下的劳动力就要获得自由，自由出卖劳动力是资本的要求，而自由劳动力首先要从农业领域释放出来。这个时候，自由竞争制度应运而生。自由竞争制度的出现，首先需要农业领域释放出大量劳动力和生产资料以及生活资料，在劳动力获得自由的情况下，资本才能自由地剥削劳动力，这是自由竞争制度产生的历史逻辑。资本主义自由竞争制度的本质是确保资本的自由[①]，自由属于资本家集团，而不是保障劳动者的自由；劳动者只有出卖自身劳动力的自由，除此之外，一无所有。

雇佣劳动制度为资本自由剥削劳动力提供了保障。在马克思看来，劳动具有历史性和意识形态属性，意识形态属性是马克思劳动思想演进的发展逻辑。在资本主义社会，劳动创造的不仅仅

---

① ［美］道格拉斯·C.诺思：《经济史中的结构与变迁》，陈郁、罗华平等译，上海：上海三联书店、上海人民出版社1994年版，第185页。

是人，还有剩余价值。这是资本主义劳动的实质。马克思指出，在资本主义社会，劳动是"异化"的雇佣劳动，而雇佣劳动制度则是保证劳动异化存在和持续生产的最佳保障。雇佣劳动制度把劳动力固定在资本的范围内，把资本对劳动力的剥削合理化和法制化，由此，为资本主义社会占有劳动所产生的剩余价值提供制度依据，而劳动力群体成为被束缚在雇佣劳动制度铸就的"茧房"中的终身受害者和世世代代受害者。深入研究发现，资本主义雇佣劳动的存在是有根基的，这个根基就是资本，是资本左右了劳动逻辑和雇佣劳动制度的演进逻辑。[1]这样一来，资产阶级就通过雇佣劳动制度成为剥削无产阶级的永恒剥夺者，资本对雇佣劳动的控制能力越强，资本主义经济就发展得越快。[2]

（三）资产阶级革命

17、18世纪的欧洲和北美，由于资本主义经济的发展，新兴资产阶级和新封建贵族崛起，他们要在政治上获得权力，要在经济上发展资本主义，然而封建专制统治使他们的利益受到损害，阶级矛盾被激化。于是以英、美、法为代表的国家相继爆发了英

---

① 程恩富主编：《政治经济学》，北京：高等教育出版社2019年版，第35页。
② 宋涛主编：《政治经济学教程》，北京：中国人民大学出版社2016年版，第59页。

国资产阶级革命、美国独立战争和法国大革命。资产阶级革命打破了封建专制的统治，开创了建立资产阶级政权和资本主义体制的新局面。而这其中又以法国大革命的历史意义最为重大，暴力革命武装夺取政权与追求革命的彻底性，都为后来的俄国革命、中国革命以及世界范围的反殖民运动树立了不可磨灭的典范。

法国大革命的进程虽然波折，但是取得了显著的成果。一方面，封建制度被推翻，君主专制制度也被埋葬。资产阶级真正取得了政权，启蒙思想家的思想也在革命的实践中从理论转化为具体的实践。另一方面，随着资产阶级革命的全面胜利，资本主义意识形态所标榜的"人人生而平等"的政治原则也获得了广泛的认可，而这一规范性的政治原则必然导向对政治民主的追求。资产阶级思想理论和观念，即资产阶级意识形态是资本主义的强大发展动力。[1]作为统治阶级的资产阶级不断地将这些思想观念固化为整个资产阶级国家共同遵守的道德行为规范，在此基础之上形成了资产阶级思想，这些思想、理论和观念又逐渐地系统化为资本主义意识形态。

资产阶级民主日渐成为政治组织形式。作为一种政治形式，民主与政治的本质，即统治与管理存在着某种内在联系。在这种

---

① ［德］马克斯·韦伯：《新教伦理与资本主义精神》，黄晓京、彭强译，成都：四川人民出版社1986年版，第24页。

情况下，一些自由主义政治思想家认为，资产阶级代议制民主作为一种间接民主，不仅能够作为一种可行的民主替代方案，而且能够有效地防止直接民主制度之下民众意志无法受约束的状态，实际是在民主体制下保证精英统治的最佳选择。由于美国独立战争和法国大革命的推动，"人人生而平等"逐步发展为近代西方世界的一项基本的政治理念。但是，在自由主义的阵营中，平等这一概念主要还停留在抽象的意义上，表现为一种权利的平等，更多情况下指的是一种平等的可能，而非现实的平等。因此，总的来说，在近代资本主义社会，平等与自由之间在某种意义上存在着难以调和的矛盾。政治平等必然需要民主决策，经济平等必然带来社会公正，而真正的自由与平等，只有在以科学社会主义为指导的国家中才有可能实现。

资本主义政治制度是资本主义国家治理制度的核心。民主与法制、选举制度、政党制度等是资本主义政治制度的主要内容。资本主义的进一步发展要求获取政治权利，如1689年，英国议会首先通过了《权利法案》，该法案对国王的权力进行了限制，并确立了君主立宪制。这一制度的建立标志着现代政治制度的诞生，也意味着人类进入新的时代。在英国新制度确立一个世纪之后，随着美国在独立战争中取得胜利，美国建立起"三权分立"的政治制度，并确立了共和政体，这一政治制度的确立又为世界上政治制度的变革提供了新的选择。1789年法国大革命的成功，不仅结束了法国君主专制长期的统治，而且沉重打击、削弱了欧洲其他国家的君主专制制度。1793年，罗伯斯庇尔掌握了领导权，法国的共和政体最终建立起来。

在资本主义社会中，政党与选民之间的关系是十分密切的。各党派以各自的利益集团为基础，来保护各自的团体。资产阶级党派是资产阶级的代表，他们靠合法的方式来争取选票和获得议会的席位，从而获得国家权力，保护自己的利益。无论是政党制度，还是选举制度，都是西方资本主义民主的表现形式，而这种民主的虚伪性、表面性和金钱至上的本质都是显而易见的。"西方国家对民主概念进行了扭曲，将其与共产主义对立，并常常用来为资本主义国家的侵略作辩护。"①西方的民主已经演变成"代主"，代替金钱进行虚假民主成为一种常态。②西方的总统选举、议员的选举都是建立在一定资格基础之上的选举，代表、选举远未穷尽民主的想象，立宪主义、自由主义也不是民主的旨归。③

资本主义从自由竞争阶段发展到帝国主义阶段，从一个国

---

① ［意］弗拉迪米洛·贾凯、李凯旋：《"民主"概念在西方的演变及其偏狭性》，《世界社会主义研究》2022年第1期。

② 赵汀阳：《一种可能的智慧民主》，《中国社会科学》2021年第4期。

③ 刘训练：《西方现代民主话语的生成及固化》，《政治学研究》2021年第5期。

家到多个国家，都是全球经济一体化的产物。资本主义制度的建立，促使资本主义经济得到迅速的发展，资本主义经济的生产规模发生了巨大的变化。由于运输方便，各国间的距离大大缩短，以生产、原料和市场为主体的经济增长方式，必然将世界连为一体，每个地区都不可避免地成为资本主义体系的一部分，世界经济一体化同时将商品经济的矛盾和经济危机的威胁带到了全球的各个地方。

自由资本主义最初在英国出现，而后遍布整个欧洲，再后来发展到美洲大陆，美国成为自由资本主义的典型代表。从自由资本主义到垄断资本主义是资本主义历史演进的必然，对此，列宁认为："发展成帝国主义即垄断资本主义的资本主义，在战争的影响下变成了国家垄断资本主义。"[1]英国和法国的垄断资本主义制度具有明显的殖民性和资本输出特征。而德国的垄断资本主义则表现为容克资产阶级帝国主义。德国的垄断资本主义与众不同，权威主义是德国专制主义的文化基础[2]，封建主义是德国专制主义的制度基础，军国主义是极端专制主义在战争中的表现形式。德国、日本的垄断资本主义，都或多或少地带有封建性，它

---

① 《列宁全集》第三十三卷，北京：人民出版社2017年版，第175页。
② 王明芳：《权威主义政治文化与德国国家性格的改变》，《欧洲研究》2005年第6期。

们的共同性是军事侵略性，德国、日本是第二次世界大战的发起者和策源地。总之，垄断资本主义制度的导向具有殖民性、资本输出性、侵略性、霸权性等帝国主义特征。

本章小结

资本主义诞生于小商品经济之中。小商品经济存在众多的小商品生产者，他们在手工业领域和农业领域的渗透使得封建社会的社会性质发生了变化。手工业领域和农业领域逐渐出现的雇佣者和不劳而获者既是两极分化的结果，又是最初的资本主义生产关系形式之一。资产阶级要想占有更多的生产资料，就必须通过特殊的手段实现目标，而这一特殊的手段就是暴力。马克思运用历史唯物主义研究方法阐述了暴力与资本主义原始积累之间的内在关系。资产阶级通过资本原始积累获得了经济地位，通过宗教改革、文艺复兴、产业革命和资产阶级革命最终确立了资产阶级政治统治地位和资本主义生产方式。为确保资产阶级已经获得的政治地位和经济地位，资本主义国家又通过资本主义经济制度、资本主义政治制度和资本主义意识形态实现了资本主义制度的可持续运行。由此可以看出，资本主义社会的确立及形成过程，是生产力和生产关系、经济基础和上层建筑之间矛盾发展的必然结果。

第二章

运行逻辑

——资本主义的经济规律

　　无论哪种社会形态，都存在着反映这种社会形态经济现象与运行的客观经济规律。这些经济规律，彼此相互影响制约，共同发挥作用，形成了一定的经济规律体系。资本主义作为一种社会形态，是建立在商品经济和社会化大生产基础之上的，其经济运行规律，既有一般规律，也有特殊规律。无论是一般规律还是特殊规律，不仅与资本主义基本矛盾紧密相连，而且共同作用于资本主义基本矛盾，从而推动资本主义基本矛盾的发展并激化资本主义基本矛盾，最终引发经济危机。那么，资本主义经济规律都有哪些？是否能够透过这些经济规律看清资本主义经济的运行逻辑？回答这些问题，将有助于我们认清资本主义的实质。

一、价值规律：商品经济的基本经济规律

　　价值规律是商品经济的基本规律，而资本主义经济是建立在商品经济基础之上的，价值规律同样是资本主义经济的基本规律。

（一）价值规律是商品经济的基本规律

商品经济要遵循哪些规律？对此，马克思曾对资本主义商品经济进行深入研究，通过研究，他揭开了商品背后隐含的经济规律——价值规律的神秘面纱。从现象上看，商品作为用于交换的劳动产品，在资本主义社会中，不仅极为多见，更是物质财富的核心载体。马克思指出："（商品）首先是私人产品。但是，只有这些私人产品不是为自己的消费，而是为他人的消费，即为社会的消费而生产时，它们才成为商品；它们通过交换进入社会的消费。"①既然商品可以用来交换，对于需求者来讲它一定是有用的，商品的这种有用性就是使用价值。商品的使用价值各不相同，能够满足人们的不同需要。有的商品作为生活资料满足人们的生活需要，例如米、布、床、手机、电脑等；有的商品作为生产资料满足人们的生产需要，例如缝纫机、采矿机、工厂厂房等。这些具有不同使用价值的商品，需要通过交换来满足人们的需要。一种使用价值与另一种使用价值相交换的量的关系或比例，就是商品的交换价值。对此，马克思指出，"交换价值首先表现为一种使用价值同另一种使用价值相交换的量的关系或比例"②。人们可以通过出让一种自己不需要的使用价值，换取另

---

① 《马克思恩格斯文集》第九卷，北京：人民出版社2009年版，第323页。
② 《马克思恩格斯文集》第五卷，北京：人民出版社2009年版，第49页。

一种自己需要的使用价值，其原因在于，二者在质上存在相同之处，因此能在量上进行比较。那么，这种同质的东西是什么呢？就是一般人类劳动，它无差别地凝结于商品中，形成了商品的价值。这表明，商品作为用于交换的劳动产品，需要同时具有使用价值和价值，是使用价值和价值的统一体。

这使我们思考，使用价值和价值之间是什么关系呢？马克思指出，使用价值是指商品能够满足人们某种需要的属性，价值是指凝结在商品中的无差别的一般人类劳动。使用价值反映的是商品的自然属性，揭示的是人与自然之间的关系；价值反映的是商品的社会属性，揭示的是人与人之间的关系。商品的使用价值会因商品而异，商品的自然属性会对其使用价值带来决定性影响，此外商品的自然属性较为多样化，因此商品的用途也较为多样化，商品生产者会想方设法地为商品赋予多样化的使用价值，这也是人类生生不息、维护社会秩序所必需的。正因如此，"不论财富的社会的形式如何，使用价值总是构成财富的物质的内容"①。但是在使用价值反映多样化自然属性的背后，包含着无差别的一般人类劳动的凝结，即价值，价值体现着社会属性。商品的使用价值和价值存在辩证统一的关系。

---

① 《马克思恩格斯文集》第五卷，北京：人民出版社2009年版，第49页。

那么商品的使用价值和价值是如何形成的呢？我们知道，商品是用来交换的劳动产品，作为劳动产品的商品，其使用价值和价值是由劳动创造的。但是，形成商品使用价值和价值的劳动是不同的，对此，马克思指出，生产商品的劳动具有二重性，即具体劳动和抽象劳动。具体劳动是指具有各种形式的劳动，它创造了商品的使用价值；抽象劳动是指撇开一切具体形式无差别的一般人类劳动，它创造了商品的价值。生产任何一种商品的劳动，一方面是反映自然属性的多样化具体劳动，另一方面是反映社会属性的一般的抽象劳动。这就是马克思所说的劳动的二重性。正是劳动的二重性决定了商品的二因素。商品二因素和劳动二重性之间存在着紧密相连的因果关系。

既然商品是同时具有使用价值和价值并且用来交换的劳动产品，那么它们又是遵循什么规律来进行生产和交换的呢？这个规律就是价值规律。价值规律是商品生产和交换的基本规律。价值规律产生于何时？它制约着哪些经济现象呢？根据恩格斯的考证，价值规律大约产生于公元前5000—公元前3000多年，已经有了5000—7000多年的历史了。在人类社会发展的历史长河里，商品的生产交换始于原始社会后期。伴随着商品生产和交换的不断发展，影响商品经济发展的价值规律不断发挥作用。

价值规律是如何发挥作用的？有什么客观要求？价值规律是

指商品的价值量由社会必要劳动时间决定，商品交换以价值量为基础，按照等价交换的原则进行交换的规律。在商品经济的现实中，尤其是货币出现后，商品价格会随着商品价值而上下波动。受供需关系的影响，商品的价格有时高，有时低，但都是围绕着价值上下波动。在商品经济产生与发展的全过程中，价值规律起着决定性的、支配性的作用。

价值规律要求商品进行等价交换，那么，为何现实中的商品价格总会与价值存在一定的偏差，二者保持一致的情况并不常见？如何深入地看待和理解这一客观经济现象？这是因为，尽管价值是商品价格的基础，但是它也会因其他因素而受到一定影响，使商品价格发生变化。其中，商品的供给与需求关系是影响价格波动的核心因素。在市场中，当某种商品较为紧缺时，就会出现供不应求的情况，这时商品的价格会超出其价值而出现上涨；而在某种商品供应过剩的情况下，就会出现供过于求的情况，这时商品的价格会低于其价值而出现下跌。由此可以看出，当商品的供求关系发生变化时，商品的价格就会围绕价值而发生波动，有时可能比价值高，有时可能比价值低。例如在2021年，受汽车芯片供应不足的影响，汽车芯片价格普遍上涨，汽车厂商纷纷减产甚至停工，全球汽车产量下降，各大汽车品牌减少优惠并纷纷涨价，同时提车周期开始变长。

汽车行业的普遍涨价，正是供求关系发生变化导致价格波动的体现。①

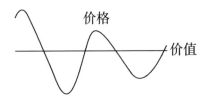

商品的价格与价值经常出现不一致的情况，这是不是意味着与价值规律要求的等价交换原则相悖，意味着价值规律失灵了？应该如何看待这些现象及问题呢？我们需要透过现象看本质。商品价格围绕价值上下波动，这是由于：第一，包括供求关系变化等多种因素的存在，都会对某种商品的价格产生一定影响，使这种商品的价格发生以价值为轴心的起伏变化，但是其波动幅度往往在一定范围内，不会与价值存在过大的偏差；第二，商品的价格有时高于价值，有时低于价值，但是从商品交换的长期趋势来看，这些波动的偏差部分可以相互抵消，商品的平均价格与商品的价值依然会保持一致；第三，虽然就每个个别商品而言，这种商品的价格时高时低，但从不同的商品价格来看，无论价格怎样偏离其价值，不仅其价格都是以各自

① 王蕾：《汽车供需关系发生改变，车企借"缺芯"理由涨价》，睿财经2021年12月6日。

的价值为基础的，而且各种商品之间的比价总体上也会保持在一定范围内。当然，商品的价格与价值出现偏离较大的可能性也是存在的。例如，利用某些消费者的虚荣心，商家会故意抬高某些商品的价格，而此时商品的价格背离价值的可能性较大。因此，建议消费者理性消费、量力而行，更加注重商品的实用性。

（二）价值规律的作用

价值规律是商品生产交换的基本规律。那么，这一规律在商品经济中是怎样发挥作用的？或者说，它对于资源配置、技术进步、商品生产者和消费者而言有着怎样的影响呢？价值规律的作用主要体现在三个方面。

1. 自发地调节生产资料和劳动力在社会各生产部门之间的分配，即自发地调节社会资源配置

无论在哪种社会制度中，生产资料、劳动力都需要按照特定的比例在不同的社会生产部门之间进行配置。以私有制为基础的商品经济社会，主要通过商品生产者之间的竞争实现对社会资源的配置。商品经济中商品生产者具备追求利益的动机，这就使得所有商品生产者都尽可能地以较高的价格出售自己的商品，从而获得更大收益。

因此，在竞争和利益的驱使作用下，商品生产者往往会将生产资料、劳动力投入价格比价值高、需求量更大的生产部门，促使这些部门不断扩大生产，商品的供应数量由此不断增多。但是此时商品的供求关系发生了变化，从供不应求转为供过于求，这就会导致商品的价格逐渐低于其价值，从而使得生产这种商品所需的生产资料和劳动力开始向其他生产部门流动，导致生产这些商品的部门的生产规模减小、商品的供应数量相应减少。短期内，这种社会资源的流动会导致部分商品出现供需失衡，但是从长期来看，并不会对商品的供需关系产生明显的影响，二者依然能保持基本的平衡。商品经济正通过价值规律这只"无形的手"来维护市场生产秩序，避免出现供需失衡的情况。这是因为商品的价格会因市场竞争而发生波动变化，进而改变社会资源的配置关系，逐渐消除市场供需之间的偏差，从而在社会生产的各种偶然变化中，使社会生产处于基本的平衡状态。作为一种在商品生产和交换背后发挥作用的力量，价值规律可以自发调节社会资源配置。

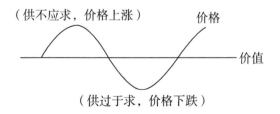

（供不应求，价格上涨） 价格

价值

（供过于求，价格下跌）

但是，在以私有制为基础的商品经济中，价值规律的调节作用往往是生产无政府状态中的事后调节，它以商品的价格为基本信号，而价格的变动只有在供求关系出现矛盾时才会发生，因此具有自发性、盲目性和滞后性，容易造成生产比例的失调和社会资源的巨大浪费。特别是在资本主义商品经济中，一旦市场对供需关系的调节作用失灵，在商品生产过剩的情况下，就会引发经济危机，这也是价值规律发挥作用的产物。可以说，价值规律已内在地把经济危机暗藏在商品经济的背后。

2.自发地刺激商品生产者改进技术和提高劳动生产率，从而促进社会生产力的提高

价值规律主要通过竞争、个别劳动时间与社会必要劳动时间之间的冲突发挥作用。某种商品虽然是由个别生产者耗费个别劳动时间生产出来的，却依照由社会必要劳动时间所决定的商品的社会价值进行交换。商品的社会价值取决于在社会正常生产条件下，在社会平均劳动熟练程度和劳动强度下，生产某种使用价值所需要的劳动时间，即社会必要劳动时间。个别生产者的生产效率越高，生产这种商品所需的个别劳动时间就越短，意味着这种商品的个别价值就越低，当商品生产者按照由社会必要劳动时间决定的社会价值出售这种商品时，商品就能获取更大的利益，并赢得竞争的主动权。反之，商品生产者获取的利益就越小，甚至

出现亏本的情况。

因此，商品生产者为了在竞争中获胜而不至于被淘汰，就会对生产效率提出更高要求，以缩短商品的生产周期，这就需要引入新型生产工具，改进技术，采用更加高效的管理方法进行运营，并不断提升劳动者的技能和娴熟程度。价值规律正是通过发挥这些作用不断促使人类提升社会生产力。但在以私有制为基础的商品经济中，这种竞争包含着影响生产技术提升的消极因素。这是因为，为了在竞争中获胜，一些技术领先的商品生产者必然会实行技术保密和技术垄断，防止技术外溢，力图阻碍其他商品生产者赶上和超过自己。特别是进入21世纪以后，人们对高新技术尤其是大数据相关技术的运用，在广泛推动社会生产力发展的同时，也产生了对于"数据"的盲目崇拜和疯狂迷恋，有人将其称为"数据拜物教"，其本质上就是对技术的崇拜。[①] 从中不难看出，价值规律对商品经济社会的影响既会促进技术进步，又会产生技术垄断。

3.自发地引起和促进商品生产者的两极分化

商品是以社会必要劳动时间为统一的衡量尺度进行交换的，但是商品生产者的生产条件和技术水平是不同的。生产条件好、

---

① 田锋、缪听雨：《论数据拜物教的生成路径与祛魅之道》，《江西师范大学学报（哲学社会科学版）》2021年第2期。

技术水平高的商品生产者，能够使自己生产的商品的个别价值低于社会价值，获取竞争优势，从而能够再次扩大生产规模，积累更多的资本。相反，生产条件差、技术水平低的商品生产者，生产商品的个别价值高于社会价值，在市场上以社会价值出售商品，就会出现亏损，生产面临更多困境，甚至濒临破产。此外，当商品价格出现剧烈波动时，猛然上涨的价格会促成部分生产者致富，而骤跌的价格也会造成部分生产者亏损甚至破产，从而导致生产者贫富分化，这种情况在私有制商品经济社会中并不鲜见。早在私有制产生的初期，社会就曾出现贫富悬殊过大的经济现象。伴随商品经济的发展，特别是出现了市场经济，引发商品生产者两极分化的价值规律是适用于任何市场化进程的社会的，具有普遍性的规律，它显著作用的历史背景是资本主义发生、成长的阶段，亦即市场经济形成的初级阶段。[①]

以私有制为基础的资本主义社会，在价值规律发挥作用引起商品生产者出现两极分化后，会出现什么结果呢？一方面，破产的商品生产者会丧失独立生产者的资格，沦为不得不靠出卖劳动力为生的雇佣工人；另一方面，生产条件优越的商品生产者会扩大生产规模，同时雇佣更多的劳动者，使自己逐渐脱离生产劳

---

① 赵作斌：《对"两极分化"问题的审视及其启示》，《生产力研究》2007年第18期。

动，成为剥削雇佣劳动的资本家，从而不断产生资本雇佣劳动的生产关系，劳动者处于被剥削被压迫的地位。因此，对于实行社会主义市场经济的中国来说，价值规律在商品生产和商品交换中发挥作用，同时要注意价值规律发挥作用的范围、领域和程度，防范资本主义生产关系的再生和固化，切实保护劳动者权益及劳动者的主体地位。

此外，在资本主义社会，价值规律通过它的转化形态即生产价格规律，自发地起着促使商品生产者两极分化的作用，从而进一步促进资本的积聚和集中，促使资本主义从自由竞争阶段过渡到垄断阶段。在这个变化过程中，价值转变为价格，价格又转变为生产价格。这表明，价值规律随着资本主义的发展变化而变化，价值规律演变为生产价格规律，商品价值经过一步步转变转化成生产价格，然后进一步由生产价格转变成垄断价格，此时，价值规律进一步转化为垄断价格规律，但是所有的这些转化是基于价值规律本身的。可见，价值规律是理解商品经济也是理解资本主义市场经济的一把钥匙。

我们现在了解了商品二因素和劳动二重性，学习了马克思的劳动价值论之后，明白了制约商品经济发展的是价值规律，并理解了价值规律的作用形式。那么，有人可能会问，资本主义社会不存在其他价值理论吗？除劳动价值论之外，资产阶级经济学中与价值相关的理论主要有要素价值论、效用价值论、供求价值论。那么这三种经典的价值论包括哪些内容，以及如何从马克思主义立场出发看待这些价值理论呢？

要素价值论认为，各种生产要素诸如土地、劳动、资本都参与了商品价值的创造，因此，土地、劳动、资本将分别获得地租、工资、利润或利息。这种要素价值论的谬误在于，试图通过价值分配来阐释价值创造，将价值的形成来源与形成条件混为一谈。这种价值理论曾提出"价值源自机器创造"的口号，认为机器可以创造更大的价值、利润，显而易见，这种观点是有误导性的。

效用价值论认为，商品的价值由其使用价值的大小决定。这种观点有着较长的历史，早在托马斯·阿奎那的著作中就已萌芽，之后又衍生出边际效用价值论等观点。这种价值理论的根本缺陷在于，没有看到商品使用价值具有的不同性质，不同商品使用价值的形式及效用都不一样，这就使得商品的使用价值本身不具有比较性，因而无法科学回答为何具有不同使用价值的商品可以进行等价交换。此外，衡量和判断商品的效用具有很大的主观性，究其实质，这种价值理论具有鲜明的唯心主义色彩。

供求价值论认为，市场的供应需求关系会对商品的价值产生影响：在供过于求的情况下，商品的价值往往偏低；在供不应求的情况下，商品的价值往往偏高。这种理论的不科学之处在于它将价值影响因素与价值源泉混为一谈，在影响商品价格的各种因素中，供求关系只是其中之一，并且供求关系不是价值源泉。如果认为商品价值是由供求关系决定的，那么，同一商品在不同地区的定价就应该不同，因为不同地区供求不一样；而事实上，同一商品在不同地区定价基本相同。例如，很多跨国公司对商品实行全球价格一致策略，这就是对供求价值论的最大否定。当然，有的时候同一商品在不同地区的价格不同，是这些公司采取的不同定价策略，但是这与供求价值论所说的价值决定机理完全不同。

二、剩余价值规律：资本主义的基本经济规律

价值规律是商品经济的基本规律，这一规律作为一般规律存在于资本主义经济中。那么，资本主义经济有没有特殊的经济规律呢？这就是剩余价值规律。

（一）剩余价值规律是资本主义的基本经济规律

在资本主义社会，其生产目的及手段，社会生产的一切主要方面及过程，生产方式的产生、发展及衰亡的全部过程都是由剩

余价值规律决定的。正如马克思所说，"生产剩余价值或赚钱，是这个生产方式的绝对规律"①。这一规律包含以下内容：资本家通过雇佣工人来从事社会生产活动，占有雇佣工人的剩余劳动；并不断加强对工人的剥削力度，榨取更多的剩余价值。

马克思在《资本论》里说过这样一个故事：一个名叫皮尔的资本家，他从英国带来了大量的生产和生活资料以及300名工人阶级成员，渴望到澳大利亚大赚一笔。但是，当工人们到达物产丰富、容易谋生的澳大利亚后，纷纷选择了离开，甚至没有一个人给皮尔先生整理被褥，或者去河里取水，这是因为在澳大利亚缺少"英国的生产关系"②，即雇佣关系。这表明，剩余价值规律发挥作用必须要有体现资本主义生产关系的雇佣关系。

下面，我们将从资本主义生产目的及手段，社会生产的一切主要方面及过程，生产方式的产生、发展及衰亡的全部过程三个方面来说明剩余价值规律是资本主义的基本经济规律。

一是从资本主义生产目的及手段来看，资本主义的生产目的是由资本主义生产资料私有制决定的。唯利是图是资产阶级的本性。资本家对生产资料的占有是私有制的核心特点，劳动者与生产资料处于分离状态，这就需要资本家以雇佣工人从事社会劳动的方

---

① 《马克思恩格斯文集》第五卷，北京：人民出版社2009年版，第714页。
② 《马克思恩格斯文集》第五卷，北京：人民出版社2009年版，第878页。

式，将二者结合起来，以进行生产并占有由雇佣工人创造的剩余价值。在资本主义社会，无休止地获取剩余价值既是资本主义的生产目的，又是生产动力。

那么，剩余价值是如何生产出来的呢？在资本主义社会，其生产过程既包括生产物质资料的劳动过程，又包括生产剩余价值的增殖过程，因此资本主义生产过程有二重性。资本家雇佣工人后，雇佣工人从事生产活动，并由此创造出价值，其中超过劳动力价值的新价值就是价值增殖部分，被资本家无偿占有，这部分价值增殖即剩余价值。

二是从资本主义社会生产的一切主要方面及过程来看，在生产、交换、分配和消费各个环节，剩余价值规律起到了非常重要的作用。在资本主义的生产过程中，生产物质资料的劳动过程，只不过是生产剩余价值过程的物质承担者，获取尽可能多的剩余价值才是资本主义的生产目的。

在资本主义社会，流通领域的交换既为资本家占有剩余价值做准备，又是实现和获得剩余价值的重要环节。但是，流通过程本身并不产生剩余价值，而是实现剩余价值必不可少的环节，只有在交换中才能实现包含剩余价值的商品价值；如果流通环节的交换无法进行，资本家就不能实现和获得剩余价值。

资本主义的分配是对剩余价值的分配，产业领域的资本家、金融领域的资本家、大土地所有者等都是剩余价值的瓜分者，所有各个领域的剩余价值都来源于雇佣工人的劳动，都是雇佣工人的劳动成果。尽管在资本家看来，他们投入资本获取的是利润，但利润依然是由剩余价值转化而来的，利润是剩余价值的表现形式。

在资本主义社会，消费也与资本主义生产目的相符。剩余价值的分配、雇佣工人工资的获取是以剩余价值的生产为前提的，在资本家尚未获取剩余价值、工人尚未获取工资的情况下，消费是不可能发生的。消费以生产为前提，以收入为基础，以交换为环节，经历以上过程消费最终才能实现。当劳动者因为收入过低而无力消费的时候，社会再生产就会发生中断，经济危机就会到来。因此，消费环节至关重要。

三是从资本主义生产方式的产生、发展及衰亡的全部过程来看，在资本主义社会，资本家无偿占有雇佣工人创造的剩余价值，这意味着资本主义生产方式的产生。资本主义生产方式产生后，尽管资本家不断扩大生产规模、不断改进科学技术、不断改善公司管理方式、不断优化劳动组织方式，使得劳动生产变得更加高效，但是这些现象的实质是剩余价值剥削手段和方式的革新及进化，都是对剩余价值剥削的加强，都是为了追逐更多的剩余价值。与此同时，为获取更多剩余价值而发展起来的生产力，越来越与资本主义生产关系不相适应，最终导致周期性经济危机频发，资本主义生产关系日益成为生产力发展的桎梏，无产阶级与资产阶级之间的斗争也日益激烈，资本主义生产方式逐渐走向衰亡。

（二）剩余价值的生产过程

如前所述，资本主义生产使生产物质资料的劳动过程与生产剩余价值的增殖过程保持了统一。如果从雇佣工人劳动时间来看生产剩余价值的过程，可以将雇佣工人的劳动时间分成必要劳动时间和剩余劳动时间两个部分。前者是指雇佣工人用于补偿获取工资即劳动力价值耗费的劳动力时间，在此期间进行的劳动被称为必要劳动；后者是指雇佣工人创造超过劳动力价值的新价值即剩余价值所耗费的劳动力时间，在此期间进行的劳动被称为剩余劳动。

对此进行研究，有什么重要的意义呢？从雇佣工人的劳动时间入手，更有利于在剩余价值生产过程中揭示剩余价值的实质及来源。剩余价值是由雇佣工人在剩余劳动时间内创造的本应归工人所有，却被资本家凭借对生产资料所有权无偿占有的那部分新价值。资本家发财致富的秘诀就在于对雇佣工人的剥削，剩余价值反映了资本家与雇佣工人之间赤裸裸的剥削与被剥削关系。然而，资本家却向雇佣工人隐瞒了这个惊天的剥削秘密，他们向工人们宣告：资本购买的是雇佣工人的全部劳动，而不是雇佣工人的劳动力，资本家已经通过工资的形式支付了工人全部劳动的价值，资本家获得的利润只是投入资本的报酬。这一宣告显示，资本家刻意偷换概念，将其对雇佣工人劳动力的购买，诡辩为对雇佣工人全部劳动的购买，从而说明资本家没有剥削雇佣工人，而马克思的伟大之处恰恰在于他发现了资本家购买的是雇佣工人的劳动力而不是劳动这一关键问题，马克思揭开了资本家剥削雇佣工人创造的剩余价值的秘密。马克思撰写的《资本论》，记载了英国工厂主通过早开工、晚收工，甚至缩短工人吃饭时间来延长劳动时间的情况，被当时的工人形象地称作"啃吃饭时间"[1]。资本家剥削雇佣工人的手段极其残酷，延长劳动时间是资本家榨取更多剩余价值的普遍手段，当时的工人"宁愿劳动10小时而少拿些工资，但是他们没有选择的余地……如果他们拒绝延长劳动时间，别人马上就会把他们挤走。所以，摆在他们面前的问题是：或者把劳动时间延长一些，或者流落街头"[2]。

---

[1] 参见《马克思恩格斯文集》第五卷，北京：人民出版社2009年版，第277—281页。

[2] 《马克思恩格斯文集》第五卷，北京：人民出版社2009年版，第329页。

如果从资本入手对剩余价值的生产过程进行分析，会有哪些发现？马克思将资本划分为不变资本和可变资本。不变资本往往表现为生产资料的形态，比如原料、厂房、机器设备等。这部分资本在生产过程中改变了原有的物质形态，通过工人的具体劳动将自身的价值转移到新的物质形态上，但是价值量并没有发生变化，其转移的价值不会大于原有的价值。而可变资本则以劳动力为表现形式，在生产过程中创造的价值量会发生变化。劳动力的价值不是转移到新的产品上了，而是在生产过程中被再生产出来，不仅如此，通过对劳动力的使用，还生产出了剩余价值，实现了价值的增殖。由此可见，从资本的角度揭示剩余价值的生产，会看到剩余价值并非源自不变资本，而是源自可变资本，只有可变资本才是剩余价值的源泉。

马克思将资本划分不变资本和可变资本的意义又在哪里呢？首先，这种划分揭示了剩余价值的来源。剩余价值并非源自所有的资本，而是仅源自可变资本及其支配的劳动。不变资本不过是创造剩余价值所需具备的物质条件。其次，这种划分为判断资本对劳动的剥削程度提供了科学依据。鉴于可变资本创造了剩余价值，那么可以通过计算剩余价值率，即通过剩余价值与可变资本的比值来判断资本家对雇佣工人的剥削程度，即用 $m'=m/v$ 的公式进行判断。公式中，m' 为剩余价值率，m 为剩余价值，v为可变资本。此外，可通过计算剩余劳动时间和必要劳动时间的比值来计算剩余价值率。这一比值数值越高，意味着资本家的剥削程度越高，反之亦然。再次，这种划分为资本有机构成学说的提出起到了奠基作用。资本有机构成是指由资本的技术构成决定并反映技术构成变化的资本价值构成。资本的有机构成具体表现为不变资本和可变资本的比例，公式为c∶v。资本的技术构成和资本的价值构成之间存在密切关系。资本的技术构成决定资本的价值构成，并通过资本价值构成表现出来。为了表现它们之间的关系，马克思将这种由资本技术构成决定并能反映技术构成变化的资本价值构成，称为资本的有机构成。

（三）剩余价值生产的基本方法

既然我们知道了什么是剩余价值，剩余价值是如何被创造出来的，那么接下来，就来看看剩余价值生产的基本方法。马克思将剩余价值生产的基本方法分为绝对剩余价值生产和相对剩余价值生产。

1.绝对剩余价值生产

在雇佣工人的必要劳动时间不发生变化时，资本家采用延长工作时间的方式迫使雇佣工人创造更多的剩余价值，这是绝对剩余价值生产。雇佣工人创造的剩余价值会随着剩余劳动时间的延长而增多。因此，资本家总是千方百计地延长工人的工作日长度。此外，在必要劳动时间和剩余劳动时间都不变的条件下，资本家可以通过提高劳动强度来增加剩余价值，这等同于工作时间的延长，这种情况也属于绝对剩余价值生产。但是，这种绝对剩余价值的生产会因生理因素、道德因素而受到限制。从生理因素看，工作日再怎么延长，也不能超过劳动力的生理极限，这是因为雇佣工人在一昼夜24小时之内，必然会抽出一部分时间用于吃饭、睡觉等；如果雇佣工人的这些生理需求得不到满足，他就不能恢复劳动能力，不能继续为资本家创造剩余价值，所以说一天的工作时间再怎么增加都不能超过24小时。从道德因素看，工人在一天之内，除了劳动、吃饭、睡觉等外，还需投入一定时间用于阅读、社交、培训等，这种需求的频次、覆盖人数是由一国的发展水平决定的，并受道德因素的制约。然而劳动时间的过度延长，给工人阶级带来了严重的后果：工人劳累过度，健康损耗，寿命缩短；工伤事故频繁发生，造成大批工人残废和死亡。这些都直接危害工人阶级的生存和健康。但是不管怎样，资本家们都会绞尽脑汁地延长雇佣工人的劳动时间，这必然会激起工人阶级的奋力反抗，因此，阶级力量的对比及阶级斗争的情况都会对工作日长度的确定产生重要影响。

2.相对剩余价值生产

在工作日长度保持不变的条件下，资本家通过缩短必要劳动时间，从而相对延长剩余劳动时间，获取更多剩余价值的方法即相对剩余价值生产。工人阶级对于延长工作时间的抗争，使得资本家不得不出台法律以限定工作日的长度。

资本家会通过怎样的途径来缩短必要劳动时间呢？由于劳动力价值主要由生活资料的价值构成，只有通过提高生产部门的劳动生产率才能降低生活资料的价值，从而减少劳动力价值。但是，工人所必需的生活资料是多种多样的，包括不同生产部门所生产的商品。其中某一种商品的价值，只是劳动力价值的一个组成部分。一个生产部门提高劳动生产率，只能使该部门生产的那部分商品便宜；要想降低工人所需的生活资料价值，生产部门的劳动生产率需要得到普遍提高。由此可见，生产部门劳动生产率的普遍提高是缩短必要劳动时间的前提。

但是，生产部门劳动生产率的提升需经历一个长期过程。那么，个别企业优先提高劳动生产率，又会对企业发展产生怎样的影响呢？在社会生产中，个别企业会优先引入新型技术、生产设备，提高劳动生产率，从而缩短必要劳动时间，降低商品的个别价值，从而获取更多的剩余价值，这种多于其他企业的剩余价值，被称为超额剩余价值。这就会促使其他企业，竞相引入新技术，提高劳动生产率，以获取超额剩余价值，从而促使整个社会劳动生产率的提高。但是当整个社会劳动生产率普遍提高时，个别企业获得的超额剩余价值便不复存在了。随着雇佣工人剩余劳动时间的普遍延长，所有企业都能获取相对剩余价值，因此，在个别企业以获取超额剩余价值为主观动机的情况下，客观后果会创造更多的相对剩余价值。因此，相对剩余价值是企业竞相追逐超额剩余价值的结果。

3.绝对剩余价值生产与相对剩余价值生产的关系

其一，无论是从本质上还是结果上看，绝对剩余价值生产与相对剩余价值生产并不存在实质性差异，它们都通过加大对雇佣工人的剥削强度，迫使雇佣工人用更多的剩余劳动时间创造更多的剩余价值，只不过所运用的方法不同，前者依靠单纯地延长剩余劳动时间，而后者依靠社会上大多数部门提高劳动生产率间接延长剩余劳动时间的方法。

其二，绝对剩余价值生产是资本主义国家进行社会生产的基础，也是相对剩余价值生产的起点。在资本主义社会，只有把工作日的长度绝对地延长到超过必要劳动时间时，才能进行剩余价值的生产。工作日长度的最小值决定于必要劳动时间的长度，工作日的总长度与必要劳动时间长度的差额正是衡量工人受剥削程度的标准。而相对剩余价值生产，也必须以工作日分为必要劳动时间和剩余劳动时间为前提，否则不能通过缩短必要劳动时间来增加剩余劳动时间。

其三，在资本主义发展的各个历史时期，剩余价值生产的方式是有差别的。在资本主义初级阶段，生产力发展程度比较低下，因此，是以绝对剩余价值生产为基础的。资本主义不断发展，生产力水平不断提高，相对剩余价值生产成为获取剩余价值的主要方式。但这并不意味着绝对剩余价值生产方式的消失，它只是退居到次要地位而已。

（四）剩余价值的分配

1.剩余价值分配之前的转化

马克思看到资本家获得的是剩余价值，而资本家却说自己得到的是利润，这二者之间有着怎样的联系呢？在剩余价值进行分配之前，要经历一个从商品转化为货币、货币转化为资本、资本转化为剩余价值、剩余价值转化为利润、利润又转化为平均利润的漫长过程。当剩余价值向平均利润转化完成后，商品的价值就转变成价格，价格又转化成生产价格。剩余价值的这种转化，从表象看，人们看到的是利润和平均利润，看到的是生产价格和市场价格，却看不到表象背后的实质，实际上这是雇佣劳动、剩余价值生产和剩余价值的转化。可以说，资本主义剥削关系被以剩余价值为核心的各种转化所掩盖了。对此，应该怎么看呢？

第一，商品转化为货币，货币转化为资本，劳动力成为商品。商品是怎样转化成货币的，是通过什么途径转化成货币的？这是理解货币出现的根本问题。或者说"商品怎样、为什么、通过什么成为货币的问题，是理解马克思货币理论的一把钥匙"①。只有理解了货币，才能理解资本主义社会中的货币是如何转化为资本的。当我们看到资本并体验到资本运动时，剩余价值的产生才有可能。由于资产阶级古典政治经济学家们把资本主义社会看成自然永恒的社会形态，而不是历史发展过程中的一种特殊社会形态，因此他们不可能从历史发展的角度正确认识商品价值形式的发展。这是因为他们把资本主义社会看成社会发展的终极形态，同时把商品看成一个永恒的经济范畴，自然就不会去研究商品价值形式是怎样发展起来的。

货币是如何从商品世界分化出来的呢？马克思深入研究资本主义社会的形成过程，从中发现了商品价值形式的发展。马克思认为，商品的价值形式是不断发展变化的，在这一变化过程中，从商品世界中分离出一类特殊商品——货币，从商品价值形式变化中逐渐发展出一种固定的价值形式——货币形式。货币既是一

---

① 胡关金：《商品转化为货币的若干问题的探讨》，《马克思主义研究》1987年第1期。

种特殊的商品，又是一种商品价值形式。商品价值形式的发展，经历了从简单价值形式到扩大价值形式，发展到一般价值形式后又到货币形式的过程。货币的出现，使得商品与商品之间的交换变为商品与货币之间的交换，这正如马克思所说"货币结晶是交换过程的必然产物"①。

那么，这些从商品中分离出来的货币是如何转化成资本的呢？货币如何转化为资本，是资本主义生产关系中至关重要的问题。只有认清货币如何转化为资本，才能揭示出资本的本质和资本的运动规律。以往的学者认为，货币转变为资本的原因在于劳动力的买和卖，但是马克思认为："资本则不然。有了商品流通和货币流通，决不是就具备了资本存在的历史条件。只有当生产资料和生活资料的占有者在市场找到出卖自己劳动力的自由工人的时候，资本才产生。"②可见，货币转化为资本，不在于劳动力的买和卖，而在于生产资料的资本主义私人所有制。也就是说，如果从资本主义产生历史的角度看，货币转化为资本也是资本来源问题③，而资本的来源又离不开劳动力的买和卖。马克思分析的劳动力的买和卖只是一种特定形式，即资本主义形式的买

---

① 《马克思恩格斯文集》第五卷，北京：人民出版社2009年版，第106页。
② 《马克思恩格斯文集》第五卷，北京：人民出版社2009年版，第198页。
③ 卓炯：《对"货币转化为资本"的再认识》，《上海社会科学院学术季刊》1986年第2期。

和卖，而不是劳动力一般的买和卖。马克思从简单商品流通和资本流通的对比中发现了货币转化为资本的秘密所在，从而得出了"资本不能从流通中产生，又不能不从流通中产生。它必须既在流通中又不在流通中产生"①的可靠结论。

资本主义社会有一种极其特殊的商品，这种特殊商品是什么呢？马克思研究发现，这种特殊商品就是劳动力。劳动力是人具备的劳动能力，劳动力是怎么变成商品的呢？这要从资本主义制度说起。马克思指出，资本主义社会中的劳动力会异化为商品。这意味着，资本主义制度是劳动力成为商品的基础，而这是资本主义私有制长期运行的产物。因此，需要深入研究劳动力是怎样成为商品的，劳动力商品又具有哪些特殊属性？这是解开资本主义私有制下资本家致富秘密的钥匙。从人类社会发展的历程看，在原始社会和奴隶社会，劳动力都不是商品。劳动力只有在资本主义社会才成为商品。②在资本主义社会，既然劳动力成为独特的商品，那么，这种商品有着怎样的价值以及使用价值呢？"劳动力的价值，是由生产、发展、维持和延续劳动力所必需的生活必需品的价值决定的。"③它主要包括三部分：一是维持劳动者

① 《马克思恩格斯文集》第五卷，北京：人民出版社2009年版，第193页。

② 刘凤义：《劳动力商品再认识与中国特色社会主义政治经济学》，《经济研究参考》2021年第12期。

③ 《马克思恩格斯文集》第三卷，北京：人民出版社2009年版，第56页。

本人生存所必需的生活资料的价值，二是维持劳动者家属的生存所必需的生活资料的价值，三是劳动者接受教育和训练所支出的费用。劳动力商品使用价值的突出特点是能够在消费过程中创造新价值，这一新价值比劳动力本身价值更大，劳动力的使用价值是价值的源泉。

第二，剩余价值转化为利润。如果分别用 c、v、m 表示不变资本、可变资本、剩余价值，那么商品的价值就是三者的总和，可以用 $W=c+v+m$ 的公式进行表示。c 只是消耗掉的生产资料转移过来的价值，而 v+m 是活劳动在商品生产过程中创造的价值，剩余价值 m 是由可变资本 v 产生的。

但是，在马克思那里的剩余价值是如何转化成资本家视野中的利润的呢？这要从所用资本和所费资本的区别讲起。从资本家的角度进行分析，他为生产商品所投入的资本为 c+v，m 则是他未投入任何成本无偿占有的。在资本家看来，m 是由他的预付资本 c+v 带来的，c+v 在资本家这里表现为他为获得 m 所付出的生产成本 k，即不变资本与可变资本之和。如此一来，在价值增殖过程中，不变资本和可变资本所起作用的差别就被抹杀了，本由可变资本 v 创造的剩余价值 m 被看作由资本家所付的生产成本 k 带来的增加额。资本家不仅会把剩余价值 m 看作超过他在该商品上所付成本的余额，而且看作他全部预付资本的余额。全部预付资本包含在该商品上投入的可变资本v、不变资本c，以及在生产过程中已使用但尚未完全耗费掉、尚未完全转移到新产品中的那部分不变资本c。由于在生产过程中，全部预付资本都参与其中，资本家自然会将全部预付资本视作剩余价值的来源。在资本家眼中的剩余价值并非可变资本的产物，而是"所有预付资本的产物"时，就抹杀了剩余价值是由可变资本创造的真相，在这种情况下，剩余价值就取得了利润的形式。假如用p来指代利润，那么可以按照以下公式计算商品的价值：W=k+p，这意味着商品的价值表现为生产成本与利润之和。

当剩余价值取得利润形式以后，二者存在怎样的关系呢？马克思指出，剩余价值和利润原本是同一物，其区别在于，剩余价值、利润分别是相对可变资本、全部预付资本而言的。剩余价值是利润的本质，利润是剩余价值的转化形式。剩余价值与全部预付资本的比率，叫作利润率p′，可以用以下公式p′=m/（c+v）进行计算。

剩余价值率转化为利润率之后，虽然二者有着密切的联系，但是二者的区别更为明显：首先，它们是同一个剩余价值通过不同的计算方法得出的比率。其次，它们反映的关系存在一定差异，剩余价值率、利润率分别反映了资本不同的剥削程度、增殖程度。再次，它们在量上存在一定差异。利润率往往低于剩余价值率，这是由于可变资本小于全部预付资本，由此掩盖了资本家对雇佣工人的剥削程度。如前所述，资本家通过工资已经掩盖了资本家剥削工人的真相，这一次，资本家又通过利润率进一步掩盖资本家剥削工人的程度。

需要注意的是，利润率的高低受到很多因素的影响，包括剩余价值率、资本有机构成、资本周转速度、不变资本节约等等。在其他条件不变的情况下，利润率的高低与剩余价值率的高低、资本周转速度的快慢、不变资本的节约程度成正比，与资本有机构成的高低成反比。

第三，利润转化为平均利润。剩余价值转化为利润之后，利润并没有停止转化的脚步，它又继续进一步转化。那么，利润又转化成什么了呢？利润转化成了平均利润。平均利润率的形成是以平均利润的形成为前提的。在众多生产部门中，影响利润率的多种因素存在一定差异，即便在剩余价值率不发生变化的情况下，不同部门的利润率也存在一定差异。各部门的资本家会进行激烈的竞争进而提升利润率。竞争主要围绕争夺有利的投资场所而展开，竞争的手段是资本转移，即将资本转移到利润率高的部门，资本转移会导致各部门生产规模的变化，进而引起商品供求关系以及商品价格的相应变化，最终使不同部门的利润率趋于一致，形成平均利润率。随着资本的大量流入，原先拥有较高利润率的部门会因商品供过于求，而使其价格随之降低，利润率也会降低，这就会导致资本大量流出该部门，从而使该部门的利润率不断降低。直到各部门的利润率保持基本一致时，资本才会停止转移。

平均利润率的产生有什么意义呢？在资本主义竞争中，不管各部门从事哪种生产活动，都只能获取平均利润率，它表现为社会剩余价值总量与社会预付总资本的比率。因此，只要预付总资本量相等，就能得到相等的利润，即等量资本获得等量利润，这是平均利润率这一经济范畴的存在意义。平均利润率表明的是一种利润率平均化的总趋势，随着社会资本平均有机构成的不断提高，平均利润率会趋于下降，这是资本主义的客观经济规律。

在资本主义社会，剩余价值转化为利润已掩盖了剩余价值的真实来源，使得资本主义的剥削关系变得模糊，利润仿佛成为资本自行增殖的产物。但是，要清楚地认识到，剩余价值转化为利润只是一种质上的转化，在量上利润仍等于剩余价值。在这里，人们或多或少还能感觉到利润和雇佣工人的活劳动之间以及和剩余价值之间的某种联系。但是，当平均利润形成时，即等量资本可以获取等量利润，剩余价值与利润，无论是在性质上，还是在数量上，都会发生变化。这时，投在各部门的资本，尽管资本有机构成不同，所产生的剩余价值量不同，但都以相同的平均利润率获取利润，如此一来，无论是在质还是在量上，平均利润均表现为全部预付资本的产物，掩盖了利润的真正来源，进而掩盖了资本对雇佣劳动的剥削关系。

第四，价值转化成生产价格。平均利润率是生产价格形成的基础，在利润转化成平均利润的情况下，商品价值就会转变成生产价格，它是平均利润与成本价格之和。如此一来，从质的方面看，生产价格只与资本存在联系，不再与活劳动存在联系，这是因为从生产价格的构成来看，生产成本是由耗费的资本构成的，平均利润是按预付资本的比例分得的利润。从量的方面看，生产价格往往与价值不一致，这是因为各部门的资本有机构成不同，一般情况下，资本有机构成越高，商品的生产价格越高，越超出商品的价值；反之亦然。只有资本有机构成相当于社会平均资本有机构成的部门，其产品的生产价格才正好同价值相等。

在价值转化成生产价格以后，价值规律的表现形式也会发生变化，生产价格取代价格发生波动变化。但这种变化并不意味着对价值规律的否定，这是因为：第一，生产价格是以价值为基础的，商品价值会随着社会必要劳动时间的变化而发生变化，其生产价格也会相应地发生变化，只有基于劳动价值论才能对生产价格的波动以及波动的边界进行科学的阐释。第二，尽管各部门的平均利润与这些部门的雇佣工人创造的剩余价值量并不相等，商品的生产价格与创造的价值并不相等，但从社会整体来看，依然是相等的。

2.剩余价值的分配

平均利润率的形成过程实际上是全社会的剩余价值在各部门资本家之间进行重新分配的过程。在这一过程中，产业资本家、商业资本家、银行资本家、农业资本家等将分别获取产业利润、商业利润、银行利润、农业利润等，各部门资本家所瓜分到的剩余价值只能是获取的平均利润。

商业资本和商业利润。商业资本是指在流通领域内进行商品交易，从而获得商业利润的资本，也被称作"商人资本"。资本主义商业资本是从产业资本分离出来并独立于产业资本而存在、履行商品资本职能的资本，其职能是通过商品的营销，实现商品中包含的价值以及剩余价值。由此可见，在市场流通领域，商业资本并不能实现价值增殖，其所获得的商业利润只是通过参与剩余价值的瓜分而获取的。本质上，商业利润是产业工人创造的剩余价值的一部分，它是产业资本家让渡给商业资本家的。

借贷资本和利息、银行资本和银行利润。借贷资本是从职能资本运动中分离出来的一种资本。在职能资本运动中会产生积累金等大量货币资本，同时会产生对货币资本的需求，比如商品并未售出，却需要采购原料、预先更换技术设备等。由此形成了借贷关系，产生了借贷资本。本质上，借贷资本是为了赚取利息而转让的货币资本。在产业资本使用借贷资本的情况下，会创造一定的剩余价值，剩余价值的一部分转让给借贷资本家，其中就包含了利息，由此可见，利息是剩余价值的特殊转化形式。

致力于货币资本运营业务的资本即银行资本，它包含自有资本、借入资本两个部分：前者是出资创办银行的银行资本家所持有的资本，后者是吸收客户储金所积累的资本。银行利润是指银行资本家运营银行所获取的利润，它源自银行家所获取的贷款利息，本质上，也是产业资本家的雇佣工人创造剩余价值的一部分，银行利润也是剩余价值的特殊转化形式。

农业资本和农业利润、地租。土地所有者、农业资本家、农业雇佣工人是资本主义农业中存在的三大典型阶级。在农业生产中，土地所有者将土地租借给农业资本家，农业资本家雇佣农业工人从事农业生产运营。农业资本家通过农业生产经营活动获得农业利润，并向土地所有者支付地租。无论是农业利润还是地租，其实质都是农业雇佣工人在生产过程中创造的剩余价值的一部分。

三、资本积累规律：资本主义积累的实质及后果

资本主义积累规律是马克思对资本主义积累过程及后果的概括和总结。这一规律揭示了资本主义制度下贫富两极分化的原因，揭露了资本主义制度下无产阶级与资产阶级之间利益的根本

对立和不可克服的内在矛盾，深刻地阐明了资本主义制度必然走向灭亡的历史趋势。

（一）资本主义积累规律形成的前提因素

1.资本积累

资本不会停止运动的脚步，资本积累就是资本在量的意义上的运动表现形式。那么，何为资本积累？它是剩余价值的资本化。再生产规模的扩大是资本主义的生产特色，资本家将部分剩余价值作为追加资本投入生产，不断扩大生产规模，实现资本的不断积累。由此可见，剩余价值是资本积累的源泉，资本积累是扩大再生产的前提条件。资本积累的规模取决于剩余价值的数量以及剩余价值分割为积累基金和消费基金的比例。资本家用于积累基金的剩余价值越多，越能获取更多的剩余价值。在积累基金和消费基金的分割比例保持不变的情况下，资本积累量取决于剩余价值的绝对量。不难看出，任何对剩余价值产生影响的因素，都会对资本积累规模产生一定影响，比如对劳动力的剥削程度、所用资本与所费资本之间的差额等等。

资本积累是资本主义不断发展的必然趋势，这是因为：首先，资本主义进行社会生产的唯一动机和直接目的都是获取更多的剩余价值。剩余价值规律是资本主义的基本经济规律，在这一规律的影响下，资本家不但会加强对雇佣工人的剥削，还会积累更多的资本，从而获得更多的剩余价值。当然，为了实现这一目的，资本家会尽可能地采用新技术、提高劳动生产率，加速资本积累，并借助于资本的积聚与集中不断扩大生产规模，这是资本家不断进行资本积累的内在动力。其次，竞争规律会对资本积累产生决定性影响。资本家们要想在竞争中获胜，就不得不想方设法积累资本，扩张生产规模，加大投资力度，这是他们不断进行资本积累的外在压力。

2.资本有机构成

资本构成可以从物质形式、价值形式两个方面来进行分析。从物质形式上看，一定数量的生产资料、劳动力共同构成了资本，生产资料和劳动力的比例取决于生产的技术水平。这种由生产技术水平决定生产资料和劳动力的比例被称为资本的技术构成。从价值形式上看，不变资本、可变资本共同构成了资本，不变资本和可变资本的比例被称为资本的价值构成。马克思把这种由资本技术构成决定并能反映技术构成变化的资本价值构成，称作资本的有机构成。

资本积累的发展趋势之一，就是随着资本主义的发展，资本有机构成有不断提高的趋势，并以不变资本比例不断提升、可变资本比例不断减少为具体表现形式。这是因为资本家为了追求更多的剩余价值和在竞争中取胜，不断改进企业的技术装备、提高劳动生产率，使得同量劳动可以作用于更多的劳动对象，同时劳动资料的变化增加了生产资料的相对数量。其结果就是在全部资本中，不变资本所占比例不断提高。

单个资本总额的增加是资本有机构成提升的基础，也是引入先进技术设备、促进生产效率提高的前提条件。具体而言，单个资本增大的实现方式有两种，一是资本积聚，二是资本集中。前者主要是单个资本通过剩余价值资本化来增加资本总额，后者主要是将原本分散的、众多的中小资本合并成少数大资本。合并形式主要包括中小资本被大资本兼并以及组织股份公司。实现资本集中的有力杠杆是竞争和信用。

3.相对过剩人口

对相对过剩人口的研究有什么意义呢？马克思通过对相对过剩人口的研究，揭示出相对过剩人口的实质是劳动力的供应超出了资本的需求。相对过剩人口的出现，是资本积累趋势的必然结果。首先，随着资本有机构成的不断提高，在社会总资本中，因可变资本的占比较小，资本对劳动力的需求会相应减少；其次，在资本不断积累的情况下，一些破产的资本家、生产者等也不断加入雇佣工人的队伍，劳动力供给增多，出现相对过剩人口。相对过剩人口，主要包含流动的、停滞的、潜在的过剩人口三种形式。

相对过剩人口不仅是资本积累的必然结果，也是资本积累和资本主义生产方式存在及发展的必要条件。这是因为，相对过剩人口作为产业后备军，能够随时满足资本家的劳动力需求，而大量相对过剩人口的存在，特别是失业人口的存在，有利于资本家加强对在业工人的剥削。尽管相对过剩人口、经常性失业是资本主义的痼疾，资本主义政府也采取多种干预措施，但是至多只能缓解失业状况，并不可能消灭失业。

（二）资本主义积累规律的内容和实质

资本积累的不断增长、资本有机构成的不断提高、相对过剩人口的不断增多，必然导致资本主义社会出现两极分化，一极是资产阶级财富的不断积累，另一极是无产阶级贫困的不断积累，由此形成了资本主义积累的一般规律。对此，马克思明确指出，"社会的财富即执行职能的资本越大，它的增长的规模和能力越大，从而无产阶级的绝对数量和他们的劳动生产力越大，产业后备军也就越大。可供支配的劳动力同资本的膨胀力一样，是由同一些原因发展起来的。因此，产业后备军的相对量和财富的力量一同增长。但是同现役劳动军相比，这种后备军越大，常备的过剩人口也就越多，他们的贫困同他们所受的劳动折磨成反比。最后，工人阶级中贫苦阶层和产业后备军越大，官方认为需要救济的贫民也就越多。这就是资本主义积累的绝对的、一般的规律"[①]。

在资本积累规律的作用下，无产阶级贫困化是不可避免的客观存在。资本主义积累规律深刻地揭示出资本积累与资产阶级财富积累同无产阶级的失业、贫困之间的内在的、本质的、必然的联系。在资本主义制度下，无产阶级通过劳动创造社会财富，资产阶级却无偿占有这些社会财富，并使得无产阶级长期处于被剥削、贫困化的境地，这是资本主义生产方式的内在矛盾，这种矛盾具有阶级对抗性的特点，也是资本主义爆发经济危机的深刻根源。

（三）资本主义积累的历史趋势

资本主义积累的不断发展，促进了生产社会化水平的极大提高，一是在资本主义企业内部，伴随生产规模的不断扩大，生产资料成为被许多人共同使用的社会生产资料，产品成为许多人共同协作生产出来的社会产品；二是企业和部门间的社会分工日益发展，专业化水平不断提升，由此建立了更加密切的协作关系，

---

① 《马克思恩格斯文集》第五卷，北京：人民出版社2009年版，第742页。

既相互依赖又相互制约；三是分散的地方市场逐渐融合为统一的国内市场，并不断地打破民族、国家的边界，形成世界市场并不断发展。资本主义社会化大生产的高度发展，客观上要求产生与之相适应的生产关系，即生产资料和劳动产品归社会共同占有。然而在资本主义积累过程中，日趋激烈的竞争，使得越来越多的生产资料和劳动产品集中在少数资本家手里，从而导致资本主义基本矛盾的不断激化。

资本主义基本矛盾的激化，意味着资本主义生产关系阻碍了生产社会化大发展，这表明资本主义生产关系越来越不能适应生产力发展的客观需要。资本主义社会化大生产在为灭亡资本主义准备了客观物质条件的同时，还为变革资本主义生产关系准备了社会力量，无产阶级就是变革力量的主体。资本主义积累的历史发展趋势是用适应生产社会化的社会主义公有制来取代资本主义私有制，资本主义必然灭亡，社会主义必然胜利。

四、社会化大生产的一般规律：资本主义条件下的表现及实质

资本主义是建立在商品经济和社会化大生产基础之上的。社会化大生产的一般规律影响并支配着资本主义的生产，但是社会化大生产的一般规律也会受到资本主义制度的制约，具有特殊的

表现形式。资本主义条件下社会化大生产的一般规律，从资本流通过程的微观层面看，主要有资本循环规律、资本周转规律，对此马克思曾进行深入研究；从资本流通过程的宏观层面看，有社会资本再生产规律。资本循环规律、资本周转规律和社会资本再生产规律一起，共同构成了资本主义条件下社会化大生产的一般规律，反映着产业资本的总体运动过程。

（一）单个资本循环的一般规律

产业资本是指投入在工业、农业等物质生产部门的资本。产业资本的作用在于创造和实现剩余价值。剩余价值的生产，既离不开生产过程也离不开流通过程，资本只有在不间断的生产和流通中才能不断地实现价值增殖。产业资本从一种形式出发，依次经过购买、生产、售卖三个阶段，分别执行货币资本职能、生产资本职能、商品资本职能，实现价值增殖后，回到原来出发点的运动过程，即为资本循环，它反映了产业资本运动的连续性，是产业资本运动的一种表现形式。

1.产业资本循环的三个阶段和三种职能

产业资本循环包含三个阶段。其中，购买阶段是第一阶段。资本家在这一阶段凭借购买者的身份在市场中购买生产资料、劳动力等生产要素。这一阶段，购买到劳动力非常关键，这是由于剩余价值主要源自劳动力的使用价值。因此，在这一阶段，产业资本执行的是货币资本的职能，它为创造剩余价值准备了条件。

生产阶段是第二阶段。资本家将购买到的劳动力、生产资料等生产要素投入生产过程中生产出可供出售的商品。这一阶段，新生产出来的商品，不仅物质形态发生了变化，而且价值量增大了，这是因为商品价值中包含了剩余价值。在这一阶段，产业资本履行的是生产资本的职能，目的是通过生产要素的结合创造出剩余价值。

售卖阶段是第三阶段。资本家将生产出来的商品在市场上出售，以实现商品中包含的价值及剩余价值。在这一阶段，产业资本履行的是商品资本的职能。这一阶段至关重要，如果生产出来的商品难以售出，不仅剩余价值无法实现，而且难以将商品资本转变为货币资本，资本循环因此受阻甚至被中断，从而使再生产过程受到破坏。

在产业资本循环的三个阶段中，第一、第三阶段属于流通过程，第二阶段属于生产过程。由此可见，产业资本的运动过程将商品生产与流通过程结合起来。其中，产业资本循环中生产过程起着决定性作用，这是因为只有在生产过程中才能创造价值以及剩余价值。但是，流通过程同样重要，它是生产过程的前提和补充。特别是处于第三阶段的售卖阶段，对于剩余价值的实现至关重要，对此，马克思称由商品到货币的过程是"惊险的跳跃。这个跳跃如果不成功，摔坏的不是商品，但一定是商品占有者"①。

在产业资本循环的第一、第二、第三阶段，产业资本分别采取了与这一阶段相符的货币资本职能、生产资本职能、商品资本职能，但是这些资本并非互相独立的资本，而是产业资本在不同阶段采取的不同职能形式。资本循环要正常地进行，就必须顺利地通过三个阶段，依次由一种职能形式转化为另一种职能形式。如果产业资本循环在第一阶段受阻，货币资本将转变为贮藏货币；如果在第二阶段发生停顿，劳动力、生产资料等生产要素就无法发挥作用；如果在第三阶段出现问题，就难以实现价值以及剩余价值。因此，资本循环每一个阶段的正常进行，是资本循环过程连续进行的基本条件；资本在其运动的每一阶段上，又具有相对的稳定性，即只有完成每一阶段上的相应职能之后，才能进入下一阶段，转化为新的职能形式。

2.资本循环连续进行的条件

资本循环要想连续进行，是有条件的。第一，在空间上，产业资本要按一定比例存在于货币资本、生产资本和商品资本中，并同时执行货币资本、生产资本、商品资本三种职能。如

---

① 《马克思恩格斯文集》第五卷，北京：人民出版社2009年版，第127页。

果在一定时间内，产业资本的职能形式只有一种，无论是集中于哪种职能形式上，都会使资本的循环遇到阻碍或者中断。第二，在时间上，货币资本、生产资本、商品资本三种职能形式的转化必须在时间上保持继起性，这样才能使资本循环正常进行下去。否则，就会出现资本循环的中断。产业资本的三种职能形式，既要空间并存，又要时间继起，空间上的并存性和时间上的继起性密不可分、互为前提、互为条件，以此保证资本循环的连续进行。

（二）单个资本周转的一般规律

资本必须处于持续的周期性运动状态，这样才能不断实现价值增殖的目的，这种周而复始、不断反复的资本循环被称为资本周转。资本周转侧重对周而复始的不断循环的速度进行考察。资本的周转时间与周转次数都可用于表示资本的周转速度。影响资本周转速度的因素很多。

1.资本的周转时间和周转次数

产业资本周转主要包括资本处在生产领域的生产时间和流通领域的流通时间。不同的产业部门有不同的周转时间；即使在同一产业部门，不同企业由于生产条件和运输条件不同，周转时间也各不相同。

为了考察和比较不同产业部门的周转速度，必须计算资本周转的次数。一般情况下，会以年度为单位对周转次数进行计算。用公式表示就是：n=U/u。其中，n表示资本周转速度，U表示一年的时间，u表示资本周转一次所需要的时间。从公式可以看出，资本周转次数与资本周转时间成反比。资本周转的时间越长，一年周转的次数就越少，只有缩短周转时间中的生产时间和流通时间，才能增加周转次数，即加快周转速度。

2.影响资本周转速度的因素

资本周转时间是资本周转速度的首要影响因素。资本周转时间包括生产时间和流通时间。由于这两种时间本身包含多个组成部分，各部分的周转时间都会对资本周转速度产生影响。比如，生产时间包括劳动时间、非劳动时间。前者是指生产劳动产品时所需的劳动时间；后者是指劳动过程正常中断的时间，主要有正常停工时间、自然作用时间和生产资料储备时间等。减少劳动时间、尽可能地缩小劳动与非劳动时间的差距是缩短资本周转时间、快速实现资本周转的前提。流通时间主要包括购买时间和售卖时间。市场供求状况、生产企业与市场的距离、交通条件等因素都会对流通时间产生影响。改善运输条件、加大信息处理力度等方式可以有效减少流通时间。

生产资本的构成是资本周转速度的第二个影响因素。产业资本循环中的生产资本按照价值转移方式、流通形式和周转方式的不同，可分为固定资本和流动资本。固定资本是以厂房、机器、设备等生产资料形式存在的生产资本。从物质形态来看，这部分资本全部参与生产，较长期地保持原有物质形态，在生产阶段持续发挥作用。但是在价值形式上，则是逐步转移到商品中的，并随着商品的销售以货币资本的形态作为折旧费，逐步地回流到资本家手中，直至物质形态的生产资本不再发挥作用为止，才完成它的一次周转。流动资本包含以原料、燃料等劳动对象形式存在的资本以及以劳动力形式存在的资本。其中的不变资本在一次生产过程中完成它的物质形态变化，其价值全部转移到新产品中去；其中的可变资本即劳动力价值虽然不转移到新产品中去，但是在一次生产过程中再生产出来并成为商品价值的一个部分。流动资本具有一次性投入、一次性回收的价值周转方式特点。

但是在周转速度上，固定资本和流动资本存在差异。流动资本的周转速度往往快于固定资本的周转速度。由此可以看出，影响预付总资本周转速度的影响因素有两个：一是生产资本的构成。在预付总资本中，固定资本占比越大，资本周转速度就越慢；反之，流动资本所占比例越大，资本周转速度就越快。二是固定资本和流动资本本身的周转速度。在生产资本构成一定的情况下，固定资本和流动资本的周转速度与预付总资本的周转速度成正比。

3.资本周转速度对剩余价值生产的影响

首先，影响预付的资本量。资本周转速度快几倍，其作用相当于把资本量增多几倍，所以，只要加快资本周转速度，便可代替资本的增加，起到节省预付资本的作用。

其次，影响年剩余价值的生产。在剩余价值率确定的情况下，年剩余价值量与资本周转速度成正比。资本所追求的，是体现着时间因素的年剩余价值率和年利润率的提高，所以，资本家总是千方百计地缩短生产时间和流通时间，加快资本周转速度，节省预付资本，以便攫取更多的剩余价值。为此，资本家一方面采用新技术，另一方面采取加快机器转速、加快传送带运转和实行日夜轮班制等加强剥削雇佣工人的措施。这必然会导致资产阶级和无产阶级之间的矛盾日趋尖锐。

（三）社会资本再生产的一般规律

社会资本再生产是指各个互为条件、互相交错的单个资本再生产的总和。马克思的社会资本再生产理论从资产阶级古典政治经济学中走来。资产阶级古典政治经济学的先驱们对产业关系有一定深度的认识。例如，威廉·配第认为，生产是一种

循环流，循环流在不同经济部门间运动，循环流是接近再生产
的一种表述方式；弗朗索瓦·魁奈直接用他的《经济表》描述
了社会再生产过程；亚当·斯密和大卫·李嘉图也认为生产是
循环的过程，在循环过程中产生经济剩余，这是对再生产与经
济剩余之间关系的最早论述。对于弗朗索瓦·魁奈用《经济
表》来描述社会再生产过程，马克思作出了高度评价，他指出：
"魁奈的《经济表》用几根粗线条表明，国民生产的具有一定价
值的年产品怎样通过流通进行分配，才能在其他条件不变的情
况下，使它的简单再生产即原有规模的再生产进行下去。"[①]显
然，魁奈的《经济表》研究的是简单再生产，他还没有触及扩
大再生产的更深层次问题。

　　马克思在科学的劳动价值论和剩余价值论基础上，对简单再
生产与扩大再生产的关系、比例协调问题进行了研究，并通过相
应的图式说明了社会资本再生产的平衡条件。马克思的社会资本
再生产理论，将社会生产分为第Ⅰ部类、第Ⅱ部类，这两个部类
分别进行生产资料、消费资料的生产。第Ⅰ部类生产出的生产资
料在满足本部门内部需求的同时，还为第Ⅱ部类提供生产资料。
也就是说，第Ⅱ部类使用的机器设备等生产资料来自第Ⅰ部类的

---

①《马克思恩格斯文集》第六卷，北京：人民出版社2009年版，第398页。

供给。同理，第Ⅰ部类也就是生产资料部门的劳动力与资本家需要消费资料，这些消费资料的供给来自第Ⅱ部类。

社会资本再生产实现的核心问题是社会总产品的实现，即社会总产品的价值补偿和实物替换的问题。所谓价值补偿，就是社会生产出来的总产品如何出售，实现其价值的问题。所谓实物替换，就是资本家如何购买到所需要的生产资料，以及资本家和工人如何购买到所需要的消费资料。这意味着社会总产品的实现，不仅要有物质层面的替换平衡，还要有价值层面的补偿平衡，只有实现了物质和价值的双平衡，两大部类的生产才能顺利进行，社会资本再生产才能实现。尽管当今世界各国经济中不仅有这两大部类，还有众多的服务业，但是马克思研究的这两大部类依然是各国经济社会的主要内容，尤其是实体经济的核心所在。马克思指明社会资本再生产包括简单再生产和扩大再生产，那么我们就来看看简单再生产和扩大再生产实现平衡的条件。

1.简单再生产的实现条件

简单再生产是指资本家将剩余价值全部用于个人消费，使再生产在原有规模上重复进行。要实现简单再生产，需满足实物上得到替换和价值上得到补偿两个条件，即已消耗掉的生产资料和消费资料能够得到替换，同时价值组成的各个部分能够相应地得到补偿。马克思给出了简单再生产的图示：

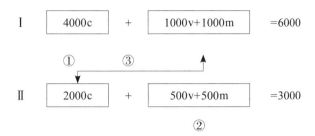

从上图不难看出，实现简单再生产的基本条件是第Ⅰ部类与第Ⅱ部类无论是从物质替换还是从价值补偿方面都要保持平衡：首先，要实现价值平衡，即Ⅰ（v+m）=Ⅱc，也就是第Ⅰ部类当年可变资本价值加剩余价值必须和第Ⅱ部类的不变资本价值相平衡；其次，要实现实物平衡，即第Ⅰ部类当年生产的相当于新劳动量的生产资料必须和第Ⅱ部类已消耗掉的相当于旧劳动量的生产资料相平衡；再次，要实现价值和实物之间的平衡，即第Ⅰ部类当年购买消费资料的支付能力必须和第Ⅱ部类所提供的商品量相平衡，第Ⅱ部类当年购买生产资料的支付能力必须和第Ⅰ部类所提供的商品量相平衡。

由此，还可以推导出其他实现条件：第Ⅰ部类即生产资料的全部价值等于第Ⅰ部类和第Ⅱ部类生产资料的价值总和；第Ⅱ部类即消费资料的全部价值等于第Ⅰ部类和第Ⅱ部类消费资料的价值总和。

可以用下列公式来表示简单再生产的实现条件：

A　　Ⅰ（v+m）=Ⅱc

B　　Ⅰ（c+v+m）=Ⅰc+Ⅱc

C　　$II(c+v+m)=I(v+m)+II(v+m)$

2.扩大再生产的实现条件

扩大再生产是指资本家除将部分剩余价值用于个人消费外，其余剩余价值作为追加资本重新投入生产，使再生产规模不断扩大。资本主义资本再生产总是扩大再生产。

扩大再生产要实现的基本要求是：第 I 部类要进行扩大再生产，资本家获取的剩余价值m不能全部用于资本家个人消费，而要分成两部分，一部分资本家用于个人消费，用m/x表示；另一部分资本家用于积累，用m−m/x表示。用于积累的剩余价值，按生产资料和劳动力分为两部分：一部分作为追加不变资本（用 Δc 表示），一部分作为追加可变资本（用 Δv 代表）。由于m有一部分作为本部类的积累，因而不能再和第 II 部类去交换，所以 $I(v+m)>IIc$。同样，第 II 部类要进行扩大再生产，m也必须分为m/x、Δc、Δv 三部分，留作本部类积累的可变资本部分也不能去与第 I 部类进行交换，所以 $II(c+m−m/x)>I(v+m/x)$。这两个公式表明了进行扩大再生产要有追加生产资料和追加消费资料这个物质基础。

由此可知，要想实现扩大再生产，就应满足 $I(v+\Delta v+m/x)=II(c+\Delta c)$ 的条件。这一公式表明，生产资料生产部门向消费资料生产部门提供的生产资料与消费资料生产部门对生产资料的需求（包括追加生产资料的需求）之间，以及消费资料生产部门向生产资料生产部门提供的消费资料与生产资料生产部门对消费资料的需求（包括新增劳动力对追加消费资料的需求）之间要保持平衡比例关系。否则，社会资本扩大再生产就无法实现。

可以将实现扩大再生产的条件用以下公式表示：

A　　$I(v+\Delta v+m/x) = II(c+\Delta c)$

B　　$I(c+v+m) = I(c+\Delta c) + II(c+\Delta c)$

C　　$II(c+v+m) = I(v+\Delta v+m/x) + II(v+\Delta v+m/x)$

列宁在马克思扩大再生产理论的基础上，将生产技术进步因素纳入扩大再生产理论中，提出了内涵式扩大再生产。列宁经过研究得出了"在资本主义社会中，生产资料的生产比消费资料的生产增长得快"[①]的结论。这是因为，第 I 部类生产技术的进步带来的劳动生产率的提高比两大部类中单纯地投入活劳动引发的劳动生产率的提高更快、更多、更强，它表现为资本有机构成的不断提高，可变资本所占比例相对越来越少，这就要求第 I 部类的增长比第 II 部类增长得更快些。

生产资料优先增长只是长期的历史趋势。但生产资料优先增

----

① 《列宁全集》第一卷，北京：人民出版社2013年版，第67页。

长的规律同某一特定时期消费资料的优先增长并不矛盾。对于一个特定国家而言，某一个年份人口出生率高或者发生自然灾害等特殊情况下，消费资料就会优先增长。为了协调两大部类的平衡关系，就必须以满足人们的物质文化需要为首要目标，通过提高人们的收入水平来提高购买力，从而使消费资料以较快的速度增长，这样可以进一步刺激和促进生产的发展，也可以使生产资料的增长更加合理。[①]

3.社会资本再生产的比例关系

对社会资本再生产的实现条件进行分析可以看出，无论是简单再生产还是扩大再生产，要想顺利进行，都应按照一定的比例通过交换实现社会总产品各个组成部分的价值补偿和实物替换。这其中的交换关系包括三种：简单再生产中第Ⅰ部类的不变资本或扩大再生产中第Ⅰ部类的不变资本，是通过第Ⅰ部类内部相交换来实现的；简单再生产中第Ⅱ部类的可变资本和剩余价值之和，或扩大再生产中第Ⅱ部类原有可变资本加上追加的可变资本再加上本部类用于资本家个人消费的剩余价值，是通过第Ⅱ部类内部交换而实现的；而简单再生产的实现条件或扩大再生产的实现条件，是通过两大部类之间相互交换而达成的。

[①] 仉建涛、崔朝栋：《政治经济学》，郑州：河南大学出版社2009年版，第87页。

　　马克思从对资产阶级古典政治经济学的研究出发，提出了社会资本再生产理论，该理论由社会总产品与社会总资本两部分内容共同构成。前者是物质再生产的代表，从现象上极易为人们所看到，但是后者极易为人们所忽略，从而看不到社会总产品被社会总资本所控制下的资本再生产逻辑。马克思的社会资本再生产理论，不仅是从社会总产品意义上进行的唯物主义分析，也是从揭示社会再生产本质意义上进行的意识形态剖析。马克思的社会再生产理论，不仅从量的角度还从质的角度阐述了社会资本再生产的实现条件和实现形式，既透过现象看本质，又采用比定性分析更直观、更深入、更精确的定量分析方法加以呈现，将马克思博大精深的思想以深入浅出的方式表现出来。在马克思看来，社会总产品包括生产资料和消费资料，社会再生产所需要的生产资料和消费资料必须通过社会总资本的运动在社会总产品中得到补偿和替换。如此一来，社会总产品的价值补偿就表现为社会总资本的循环，而社会总产品的物质替换就表现为社会总资本物化形式的循环。这样一来，动态的、精确的、平衡的、本质的社会再生产理论就建立并呈现出来了。

　　马克思的社会资本再生产理论中包含着资本主义经济危机产生的原理。通常，生产资料部门和消费资料部门通过交换满足各自及彼此的产品需要。但是当两大部类再生产的扩张速度、扩张规模不同时，两大部类之间的产品交换就不能完全实现，两者之间的总量平衡与结构平衡就不能如愿以偿，此时经济危机就开始酝酿。马克思指出："这样一来，必要的比例遭到破坏，变成更加偶然的东西，产生了危机的新的可能性。"[①]一旦从属于两大部类的众多企业之间的总量比例和结构比例失衡，经济危机爆发的可能性就越来越大。可见，经济危机是资本主义社会资本再生产动态失衡的必然结果。

资本主义经济危机中还暗藏了货币回流的危机。"全社会用于固定资本实物更新的货币量和体现折旧基金的商品量必须平衡，以及相应的固定资本与流动资本之间必须平衡；两大部类在扩大再生产中为追加不变资本和追加可变资本所进行的货币积累和实际积累，也必须平衡；而货币流回规律则是社会再生产的实现在流通领域的表现。"[②]这表明，社会总产品的实物形式交换与其相对应的一定量的货币回流之间的流通一致性以及积累速度、积累规模都应该在比例平衡和结构平衡范围内。否则，经济危机的爆发将不可避免。在资本主义社会制度下，在资本冲动与资本权力至上的逻辑下，在生产资料私有制下，两大部类之间的再生

---

① 《马克思恩格斯全集》第四十八卷，北京：人民出版社1985年版，第151页。

② 何干强：《货币流回规律和社会再生产的实现》，《中国社会科学》2017年第11期。

产平衡与货币回流平衡总是被不断打破，不同产业资本家自行其是的生产往往让这种动态平衡的实现成为可望而不可即的梦想，等待资本家的是一次又一次的经济危机。

总之，无论是简单再生产还是扩大再生产，两大部类内部的交换关系和两大部类之间的交换关系，都是按一定比例实现的。这些比例关系就其内在联系而言主要包括：社会生产和社会需要的关系，生产资料生产和消费资料生产的关系，积累和消费的关系，实物替换和价值补偿的关系，简单再生产和扩大再生产的关系，内涵扩大再生产和外延扩大再生产的关系，等等。因此可以说，社会总产品的实现，实质上就是社会生产按比例发展的问题。

社会化大生产的一般规律是在全社会范围内按照一定的比例关系对社会劳动及各种生产要素进行分配。但是在资本主义条件下，由于资本主义的基本矛盾，国民经济发展的比例关系和社会总产品的实现条件经常遭到破坏，从而引起周期性经济危机，这反映了资本主义生产关系越来越不适应社会化大生产的要求。

社会生产比例失调是引发周期性经济危机的根本原因。美国在2007年发生了次级抵押贷款危机，并发展成一场席卷世界的金融风暴。尽管这次危机最初是以金融为特征的，但它是由整个社会的生产分配不合理而引发的一次严重的经济危机。美国

2001年才从网络、通信等"新经济"的泡沫中复苏，房地产、汽车等行业的发展与美国的经济基本面背道而驰，导致它们与其他行业的生产分配比例不平衡。要解决这些产业尤其是房地产业的过剩问题，只能过度依靠透支消费，依靠金融在某种程度上缓解实体经济中的生产过剩，也就是通过增加需求来减轻实体经济的生产过剩。但是，金融活动在缓解实体经济比重失衡的同时，成为新的比重失衡的领域。这些失衡，可以通过政府的宏观调控得到一定程度的缓解。但是，由于私人利益团体的反对，以及新自由主义思想的影响，政府反而对金融业等行业的监管有所松动，甚至是放宽。其结果就是金融领域失衡到一定程度引发金融危机，进一步波及实体经济，一场更为惨烈的经济危机的发生在所难免。[①]

五、资本主义基本矛盾：资本主义经济危机的根源

（一）资本主义基本矛盾是资本主义经济危机产生的根源

既然资本主义社会相对于奴隶社会和封建社会是进步的社会，资本主义生产力也得到了极大程度的发展，那么，为什么资本主义还会发生经济危机呢？经济危机爆发的原因是什么？我们

---

① 王勇：《再论"比例失调"——从马克思主义经济周期理论认识当前世界经济危机的根源及对策》，《社会科学》2010年第9期。

将从社会基本矛盾入手，对资本主义经济危机爆发的根本原因进行分析。资本主义社会和以往社会一样，都是人类社会发展的一个阶段，它的产生、发展及灭亡，同样是社会基本矛盾辩证运动的必然结果。这说明，资本主义经济危机的根源在于资本主义基本矛盾。那何为社会基本矛盾呢？社会基本矛盾是指在一系统中处于基础地位，并且在该系统发展的全过程中对其他众多矛盾起规定或制约作用的矛盾。同理，资本主义基本矛盾，是指在资本主义社会中处于基础地位，并在资本主义发展的全过程中对其他众多矛盾起规定或制约作用的矛盾。

马克思对社会基本矛盾有深刻认识，他指出，"生产关系的一定的历史形式，同生产力，即生产能力及其要素的发展这两个方面之间的矛盾和对立一旦有了广度和深度，就表明这样的危机时刻已经到来。这时，在生产的物质发展和它的社会形式之间就发生冲突"[①]。生产社会化和生产资料资本主义私人占有之间的矛盾是资本主义基本矛盾的表现形式。这是由于随着生产社会化水平的不断提高，所有企业的生产都会越来越依赖于全社会进行的生产，这就要求生产资料社会共有。但是在资本主义社会的现实是，只有为数不多的资本家占有生产所需的生产资料，并且他们将牟

[①]《马克思恩格斯文集》第七卷，北京：人民出版社2009年版，第1000页。

取暴利视为生产的唯一目的，这必然会使生产社会化与资本主义外壳达到不能相容的地步，资本主义经济危机的爆发不可避免。

社会资本再生产的一般规律要求社会各生产部门按比例进行生产，但是在资本主义制度下，这一规律很难正常发挥作用。当资本主义基本矛盾达到尖锐化程度时，就会引发经济危机，并以危机方式使社会再生产的条件重新回归平衡。可以说，经济危机是资本主义社会基本矛盾不断加剧的产物，又通过这一基本矛盾强制性地、暂时地得到缓解。只要资本主义基本矛盾依然存在，就不可能消除经济危机。

资本主义基本矛盾有两个重要表现：第一，个别企业内部生产的有组织性与整个社会生产的无政府状态之间的矛盾。在个别企业中，资本家为了获取利润，会不断改进技术、改善经营管理，使企业的生产具有很强的组织性和纪律性。但是资本主义私有制把社会生产分成一个个各行其是、相互竞争的经济单位，使得整个社会的生产处于自发和盲目的状态，从而引发严重的比例失调，这是经济危机的重要原因之一。

第二，资本主义生产无限扩大的趋势和劳动人民有支付能力的需求相对缩小之间的矛盾。在剩余价值规律和竞争规律作用的支配下，所有的资本家都拼命地发展生产，从而使资本主义生产有无限扩大的趋势，这也相应地要求市场的不断扩大。但是，资本家为了提高利润率，就要加强对雇佣工人的剥削，限制劳动力成本即工资的绝对增长，制造出相对过剩人口，使人民群众日益处于失业和半失业的贫困境地，结果是劳动人民有支付能力的需求落后于整个社会生产的增长。当生产和消费之间的矛盾达到一定程度，就会造成生产相对过剩，从而引发经济危机。对此，马克思曾深刻指出，资本主义生产过剩的实质，是相对于人们有支付能力的需求来说过剩了，资本主义经济危机的实质是生产的相对过剩。

关于描述资本主义经济危机的实质特征，在西方有一个著名的对话：

一个儿子询问妈妈："现在天气如此严寒，你为何不生火炉？"

妈妈回答："因为家里缺煤，你爸爸目前没找到工作，我们缺钱，没法买煤。"

"妈妈，爸爸为什么失业？"

"因为煤生产得太多了。"

这段对话揭示出生产过剩是资本主义经济危机的根本原因，这种所谓的"生产过剩"并不是真的生产过多，只不过是相对于劳动人民有支付能力的需求来说过剩了，是相对生产过剩。

（二）资本主义经济危机的周期性

资本主义经济危机不是发生一次就结束了，由于资本主义基本矛盾的存在会多次发生，这种多次发生的经济危机呈现出时间性阶段特征，我们将这种特征称为经济危机的周期性。这意味着资本主义每隔一段时间，就会爆发一次经济危机，经济危机具有周期性特点，其间隔时间的长短也具有一定的规律性。比如，英国于1825年因生产过剩，第一次出现经济危机之后，1836年、1847年、1857年、1866年、1873年、1882年和1900年等年份均爆发了经济危机。这一时期资本主义经济危机爆发的时间间隔大约为10年。1900年经济危机爆发后至二战以前，1907年、1914年等年份爆发的经济危机，时间间隔为7—8年。

二战以后，资本主义经济危机依然没有停止。1951—1952年、1957—1958年、1964—1966年间爆发了经济危机，1973—1975年又爆发了经济危机，1977—1978年、1980—1982年接连爆发经济危机。1997年爆发了亚洲金融危机，并快速向全球蔓延。起初，泰国、韩国等亚洲国家的货币大幅贬值，之后，亚洲大多数企业的股票下跌、股市走低，后来经济危机开始冲击亚洲各国实体经济和外贸企业，引发许多大型企业纷纷倒闭，大量工人失业，大量商品积压，社会经济一片萧条。到了21世纪，席卷全球、破坏力更大的2008年金融危机更是对全世界经济造成严重打击。2008年，美国金融市场全方位崩盘，这是由美国房贷两大巨头房利美和房地美的股票价格急剧下降引发的，并由此向世界各国蔓延。这场次贷危机不断发酵，成为给世界各国经济发展造成严重打击的全球性金融危机，其变化过程极为快速，影响范围极为广泛。

　　资本主义周期性爆发的经济危机使得社会资本再生产具有阶段性特征。即社会资本再生产的一个周期始于一次经济危机的爆发，止于下一次经济危机的爆发，对此可以划分为四个发展阶段：一是危机阶段，往往在经济发展的鼎盛时期爆发危机，此时，各种社会矛盾将变得空前尖锐。这一阶段是经济周期的关键阶段，它是上一个经济周期终点，下一个经济周期的起点，经济逐步进入萧条阶段。二是萧条阶段，这一阶段经济处于停滞状态，随着商品供应超出有支付能力的需求状况得到缓解，经济逐步进入复苏阶段。三是复苏阶段，这一阶段经济停滞状态得到改善，市场需求渐渐复苏，商品生产逐步恢复，伴随投资的增加、生产规模的扩大，社会生产加速发展，逐步进入高涨阶段。四是高涨阶段，这一阶段市场经济繁荣发展，但这种繁荣景象是短暂的，经济繁荣发展蕴含着危机的到来。当资本主义基本矛盾尖锐化到一定程度，必将引发下一次经济危机，资本主义经济进入下一个经济周期。

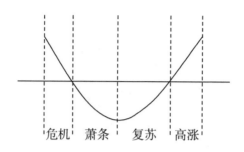

（三）经济周期的重要影响因素

造成经济危机和经济周期长短的原因有多种，在没有强有力的国家干预之前，主要由固定资产更新的周期决定。资本家更新固定资产，会产生更多的生产要素需求，进而促进生产资料生产的恢复和发展。这可以改善就业形势，提高劳动者的购买能力，扩大消费品市场，进而促进消费资料生产的恢复和发展。资本家更新固定资产能够为经济危机的结束提供物质条件。但是，它也会引发下一轮产能过剩，为下一次危机的到来提供物质基础。在市场自由竞争的情况下，对社会资本再生产具有决定意义的固定资产，一般平均10年左右实现一次更新。固定资产的这个平均的更新周期，是决定经济周期的一个重要因素，为周期性经济危机的爆发提供了物质基础。

二战后，伴随国家对经济干预的加强，资本主义逐步进入国家垄断资本主义新阶段。在这一阶段，资本主义国家采取多种反周期措施，资本主义的经济波动没有那么剧烈，经济周期有所

"熨平"，这表现为危机阶段缩短，但萧条阶段延长，萧条和复苏阶段交替的界限变得模糊。尽管二战之后，资本主义经济周期形态发生新变化，但是总体来看，资本主义经济周期依然表现为危机、萧条、复苏和高涨四个阶段交替转化。只是资本主义国家的干预和调节在某种程度上延缓或推迟了经济危机，但并没有从根本上解决社会资本再生产过程中的各种矛盾；相反，这些矛盾在不断的延缓中逐渐累积起来，反而会为规模更大、程度更深的新一轮经济危机准备条件。

　　日本是亚太地区最发达的经济体之一，二战后曾出现通货膨胀和通货紧缩情况。日本在应对经济周期性波动时，主要采用货币政策进行逆周期调整。货币政策是日本政府干预经济、调节金融、控制通胀的一种重要措施。战后初期，日本为了抑制严重的通货膨胀，货币政策遵循从紧的方针并辅之以严厉的行政手段控制金融信贷活动，较好地抑制住了通货膨胀，为日本经济腾飞打下了坚实的基础。但是1985年以来特别是泡沫经济以来的货币政策是无效的。泡沫经济破裂后，日本经济逐渐表现出明显的通货紧缩现象。日本开始长期实行的"零利率政策"，这一政策虽然在短期对经济有一定的刺激作用，但从长期看并不能复苏经济，而且埋下了许多隐患，进而引发金融危机。20世纪80年代的泡沫经济就由日本银行错误判断经济形势而一直容忍和维持金融放松政策所致。[①]

　　2008年国际金融危机以前，西方发达国家的货币政策实践以稳定价格为核心。传统的经济学理论认为，价格稳定有助于实现产出稳定、金融稳定等目标，是货币政策的调控核心。20世纪80年代以来，西方经济"大稳健"展现的"低通胀、高增长、低失业"特征在实践中印证了通胀目标制货币政策的优越性。但随着经济金融关系的不断复杂化，价格稳定与金融稳定间的协同关系越发微弱。2008年的国际金融危机显示，稳定物价的货币政策已经不能保障经济的稳定性。有一种看法是，央行把物价控制在了一个稳定的水平，使得物价上升的压力从实体经济转向了虚拟经济，一些国家的资产在价格趋于平稳时反而产生泡沫，有人将这一现象称作"央行信誉悖论"。经济稳定与金融稳定的目标不一致性，反映了近年来在全球范围内经济周期与金融周期分化甚至背离的新常态。[②]

---

　　① 刘旺霞：《日本二战以来反周期货币政策》，《中国证券期货》2009年第4期。
　　② 范从来、高洁超：《经济金融周期分化与中国货币政策改革的逻辑》，《社会科学战线》2019年第5期。

本章小结

资本主义存在各种经济规律，有一般规律，也有特殊规律，影响着资本主义经济的运行。马克思通过分析商品和劳动这两个基本范畴，创立了科学的劳动价值论，揭示了商品经济遵循的价值规律，这一规律同样是资本主义经济的基本规律。剩余价值规律是资本主义基本经济规律。马克思通过研究资本主义生产过程、生产特点以及生产本质，揭示了隐藏在资本主义生产之中的剩余价值秘密，劳动过程和价值增殖过程的统一让人们认识到剩余价值来源于工人的活劳动，来源于可变资本，而不是来源于生产资料，更不是来源于全部预付资本。马克思通过剩余价值生产方法进一步阐明资本家剥削的秘密，资本家通过绝对延长劳动时间和相对延长劳动时间两种基本方法剥削工人。资本家把剥削来的剩余价值通过资本化实现资本积累，资本积累的结果导致资产阶级和无产阶级的利益对立和政治对立。这是资本积累规律的必然结果。在社会化大生产一般规律的作用下，由于资本主义生产力和生产关系之间的矛盾决定了资本主义经济危机的产生。从自由资本主义到垄断资本主义，经济危机一直都如影随形。垄断阶段的资本主义经济危机更具有破坏力。一方面，帝国主义为了输出自己国内的经济矛盾，往往采取金融危机的办法，让全球为西方经济危机埋单。另一方面，垄断阶段的资本主义经济危机是西方发达国家剥削落后发展中国家的金融手段，是帝国主义掠夺发展中国家的娴熟方式。

第三章

制度本质

——资本主义经济制度及政治制度

如果说封建社会地主通过土地私有制剥削农民的话，那么，到了资本主义社会，资本家又是如何剥削工人的呢？马克思从研究商品特别是研究劳动力这种特殊商品入手，发现了隐藏在资本主义生产资料私有制背后资本家剥削工人的秘密。马克思通过研究劳动力这种特殊商品的使用价值和价值揭示了剩余价值的真正来源，阐明了资本的实质，揭露了资本拜物教产生的秘密，这是我们科学认识资本主义经济制度本质的有力理论武器。马克思指出，资产阶级为了确保其统治地位，建立了资本主义经济制度、政治制度等，而这些制度都是以资本家剥削工人为基础的。因此，我们研究资本主义制度本质就要从研究资本主义剥削开始。

一、资本主义的剥削：劳动力成为商品与货币转化为资本

在漫长的人类社会发展历程中，社会制度的发展变化是生产力和生产关系、经济基础和上层建筑之间矛盾发展的必然结果。

在资本主义社会，伴随生产力的发展，资本主义生产关系不断发展，并进一步促进了生产力的发展。当生产力和生产关系发展到一定程度，生产力的发展对生产关系的发展提出变革要求，资产阶级要想建立并维持其统治地位，就不得不依靠建立并完善资本主义制度。资本主义制度包括经济制度、政治制度、文化制度等。所以，怎样才能理解资本主义制度体系？其中起决定性作用的制度是哪种？这就不得不从资本主义经济制度说起，而经济制度是以资本主义剥削为基础的。

资本主义剥削是以什么为前提和条件的，是如何实现的？这离不开马克思所说的劳动力成为商品与货币转化为资本。那劳动力是如何成为商品的呢？"我们把劳动力或劳动能力，理解为一个人的身体即活的人体中存在的、每当他生产某种使用价值时就运用的体力和智力的总和。"[①]资本主义社会中的劳动力具有怎样的特性呢？劳动力与资本主义制度之间的关系是什么？马克思认为，在资本主义社会，以资本主义私有制和雇佣劳动制为基础的经济制度是一种剥削制度。资本主义经济制度形成的前提条件是劳动力成为商品。所以，认识资本主义经济制度的本质，必须先从理解劳动力成为商品入手。

----

① 《马克思恩格斯文集》第五卷，北京：人民出版社2009年版，第195页。

在马克思看来，资本主义社会中的劳动力是一种商品，具有使用价值和价值。但是劳动力是一种商品，是不是在以往所有人类社会都普遍存在呢？其实不然，尽管人的劳动是一切人类社会发展所必需的基本条件和基本要素，没有劳动，人类社会就无法存在和发展。但是，无论是在原始社会、奴隶社会还是封建社会，都不具备使劳动力成为商品的制度条件，只有在资本主义社会劳动力才成为商品。

那么，在资本主义社会劳动力是如何成为商品的呢？这就需要具备一定的历史条件。第一，劳动者是自由的人，可以"自由"地支配自己的劳动力并当作商品来出售。然而在奴隶社会奴隶是属于奴隶主的，在封建社会佃农是依附于封建地主的，无论是奴隶还是佃农，他们都不能自由地支配自己的劳动力，因而也就不可能成为一种商品；第二，劳动者自由得一无所有，他们没有维持生存的生产资料，无法进行生产活动满足自身的需要，因此不得不依靠出卖劳动力维持生存。劳动者与生产资料相分离，是一个历史过程，这个历史过程是通过残酷的暴力方式实现的，这一点在英国的圈地运动中得到了充分体现。劳动力成为商品，标志着简单商品生产发展到资本主义商品生产的新阶段。在这一时期，资本家与工人之间的所谓"自由""平等"的买卖关系，实质上是资本家支配和剥削工人的雇佣劳动关系。

起源于18世纪中叶的工业革命，是一场由机器大工业生产代替以手工劳动为基础的工场手工业生产的技术革命。18世纪中叶，从英国人瓦特改良蒸汽机开始，工业革命迅速发展至整个欧洲大陆，直到19世纪传入美国。蒸汽机、钢铁和煤炭资源的存在和发展推动了工业革命的继续发展，工业革命在推翻封建制度、建立资产阶级统治的国家进程中催生了两大对立的阶级——资产阶级和无产阶级，确立了资产阶级对国家及世界的统治，加深了西方国家对殖民地国家的掠夺，大大增加了马克思指出的"雇佣工人"的数量。正如恩格斯在分析英国状况时指出："18世纪在英国所引起的最重要的结果就是：由于工业革命，产生了无产阶级。新的工业总是需要大批常备的工人来供给无数新的劳动部门，而且需要的是以前未曾有过的工人。"[①]

马克思的剩余价值论，是以劳动力转化为商品为前提的。这意味着在马克思那里，劳动力虽然是一种特殊商品，却和普通商品一样，其价格受价值规律的支配。那么劳动力的价值如何体现，以及由什么决定呢？劳动力的价值或价格转化为工资。李嘉图曾在《政治经济学及赋税原理》中这样写道："如果把帽子的生产费用减少，即使需求增加两三倍，帽子的价格结果也会降到

---

① 《马克思恩格斯文集》第一卷，北京：人民出版社2009年版，第107页。

新的自然价格的水平。如果用减少维持生活的粮食和衣服的自然价格的办法来减少人们的生活费用，即使对劳动力的需求大大增加，结果工资也会下降。"马克思在《哲学的贫困》里，谈到了李嘉图这一观点并写道："李嘉图的话是极为刻薄的。把帽子的生产费用和人的生活费用混为一谈，这就是把人变成帽子。但是用不着对刻薄大声叫嚷！刻薄在于事实本身，而不在于表明事实的字句！法国的作家，像德罗兹、布朗基、罗西等先生用遵守'人道的'语言的礼节来证明他们比英国的经济学家们高明，从而得到天真的满足；如果他们责难李嘉图和他的学派言词刻薄，那是由于他们不乐意看到把现代经济关系赤裸裸地揭露，把资产阶级最大的秘密戳穿。"①在《工资、价格和利润》这部著作里，马克思指出在资本主义社会中劳动力价值会不断下降，直至其最低限度，从而出现绝对贫困化。绝对贫困化作为资本主义经济中的现象，不仅在19世纪存在过，即便在今日发达资本主义国家，也会在特定条件下再现。以美国为例，在劳动人口中工资较低的60%劳动者，其实际工资在1972—1995年间下降了10%，便是一个突出的例证。②

---

　　①　［德］马克思：《哲学的贫困》，北京：人民出版社1961年版，第39页。
　　②　孟捷：《劳动力价值再定义与剩余价值论的重构》，《政治经济学评论》2015年第4期。

　　劳动力商品的使用价值和价值之间有着怎样的关系？劳动力商品的使用价值又具有怎样的特性呢？劳动力的使用即劳动，劳动力的使用价值就是创造价值。劳动力使用价值是价值的源泉，它在使用过程中创造新的价值，这种新价值大于劳动力本身的价值。正是由于这一特性，资本家在购买到劳动力这种商品以后，在使用劳动力商品的过程中，不仅可以收回购买劳动力付出的价值，还可以获得增殖的价值，增殖的价值就是剩余价值。

　　这时大家可能会猜想，那劳动和劳动力有什么区别呢？从人类学意义上讲，劳动是人类区别于动物的最突出特征，是人作为"类"的存在物的表现形式。从人类产生之时起，劳动就已经存在，未来社会劳动依然会存在，劳动具有永恒性。但是劳动力是一个历史范畴，只有在资本主义社会，劳动力与生产资料相分离并自由得一无所有，才能把劳动力转化为商品。劳动力是指人的劳动能力，是人的脑力和体力总和。只有将劳动力和生产资料在生产过程中结合起来，才能发挥其创造价值的作用。马克思在严格区别劳动和劳动力的基础上，揭示了劳动力是剩余价值的唯一源泉，资本家则竭力掩盖劳动与劳动力的本质区别，有意将劳动和劳动力混为一谈，以掩盖剩余价值是由劳动力创造的真相。

　　那么，对劳动与劳动力进行区别，究竟对于揭示剩余价值来源具有怎样的重要意义呢？在资本主义社会中，资本家有意将购买劳动力的价值说成购买劳动的价值，从而使他们和劳动者之间的关系变成一种等价交换关系。这种表面上的等价交换掩盖了资本家剥削劳动者的秘密，使得资本家剥削剩余价值具有隐蔽性，呈现出资本是自行增殖的价值，而不是通过购买劳动力并在生产过程中由劳动力创造价值实现的价值增殖。资本是自行增殖的价值，掩盖了资本家与工人之间的剥削与被剥削的关系。

从表面上看，工资似乎是劳动的报酬，它掩盖了必要劳动与剩余劳动、有偿劳动和无偿劳动的对立，仿佛所有劳动都是必要的和有偿的。在资本主义社会，工资掩盖了资本主义剥削的本质，因此，资本主义的工资制度就变成了有史以来最虚假、最具有欺骗性质的一种剥削方式，这种剥削以平等的外表，隐藏着真正的不平等。马克思通过工资的表象，揭示出其本质，进而揭露了资本主义剥削的秘密。而德国工人运动的机会主义者拉萨尔，反对马克思的工资理论，宣扬歪曲工资本质的"铁的工资规律"。他说，在资本主义国家，工人的收入永远保持在维持劳动者的生命和繁衍后代的最低水平。工资就像一个钟摆，在最低水平附近徘徊，不会很长时间内超过或低于这个范围。假如工人工资高于平均水平，他们的生活将会得到改善，婚姻增多、生育率提高，造成劳动力供给过剩，工人的工资将下降甚至会更低。反之，工人的工资就会恢复到原有水平甚至更高。如此周而复始，工资不断地在最低水平上来回摇摆。这一谬论只不过是说，在资本主义国家，工人们的失业和贫穷都是由工人阶级自己引起的，而与资本主义剥削制度无关。根据拉萨尔的这一反动谬误，工人们只要"废除工资体系和铁的工资规律"，就能改善他们的生活和贫穷。很明显，拉萨尔的"铁的工资规律"把资本主义的剥削关系彻底地遮蔽了，彻底否定了消灭资本主义私有制的政治斗争，这样即使是为了提高工资而举行的罢工，也没有任何意义。拉萨尔的这种工资论，其反动本质在于维护资本主义雇佣劳动制度，反对无产阶级革命。

资本家们改进各种形式的工资制度，增加工人的劳动强度，强化对工人的剥削，这就是所谓的"科学的劳动组织"。在资本主义国家中，较为常见的残酷剥削方式，有美国"泰罗制""福特制"等。美国工程师泰罗是"泰罗制"的发明者。他从公司里挑选最强壮、技术最好的员工，强迫他们做最艰苦的工作，以几分之一秒或一秒为单位记录他们做一件事的时间；泰罗甚至将上述工人的工作制作成一部影片，然后对生产记录进行分析，把所有"多余"的动作剔除出去，以此作为所有工人的生产指标。超过此标准的劳动者，除薪水外，还能获得少量"奖金"。如果无法达到这一标准，则必须降低工资报酬。列宁曾经考察"泰罗制"的结果，他指出，采用"泰罗制"之后劳动生产率提升了四倍，但"工人的工资却没有增加到四倍，至多增加到一倍半，而且仅仅在开头一段时期才增加。工人们刚习惯新制度，工资又降到以往的水平。资本家获得巨额利润，而工人则以四倍的强度干活，以加快四倍的速度消耗自己的神经和肌肉"[①]。美国汽车巨头福特发明了"福特制"。"福特制"的主要特征是，在实施标准化生产的同时，加速输送设备的运行，强迫工人在不缩短工作时间的前提下，将工作强度最大化。工人们要是跟不上机器的速度，就会被扣薪，甚至会被辞退。资本主义工资制度越是"科学"，资本家剥削劳动者越是残忍。列宁深刻地指出："在资本主义社会里，技术和科学的进步意味着榨取血汗的艺术的进步。"[②]

在了解了劳动力成为商品之后，那么货币是如何转化为资本的呢？作为流通手段的货币与作为资本的货币有着怎样的本质区别？这种区别又会给资本披上什么样的"神秘外衣"？在商品经济发展过程中，作为一般等价物的货币在商品交换中充当流通手段，进行的是等价交换，由于交换的过程是等价交换，所以，作为流通手段的货币本身不发生增殖。但是，资本在运动过程中，用货币购买劳动力、生产资料等生产要素，虽然这种购买交换表

---

① 《列宁全集》第二十四卷，北京：人民出版社2017年版，第402页。
② 《列宁全集》第二十三卷，北京：人民出版社2017年版，第19页。

面上是按照等价交换原则进行的，但是在生产过程中，工人却创造了高于自身劳动力价值的价值，实现了价值增殖，这个时候，作为资本的货币就发生了增殖。然而现实中的现象，却使人们形成一种错觉，似乎这些货币天然就是资本，资本自己就能实现增殖，于是，资本变成一种非常神秘的东西，似乎劳动的一切社会生产力并非为劳动本身所有，而为资本所有。资本本身，具有一种能使价值实现增殖的"魔力"，作为流通手段的货币与作为资本的货币之间存在根本区别，资本拜物教就是这二者根本区别背后资本披上的神秘"外衣"，是拜物教的完成形态。资本从"货币—商品—货币"的无休止运动中，发展出"生息资本"的形式，省略了"商品"环节，形成了"货币—货币"的循环，这一过程表现为"纯粹的拜物教形式"，自动的物神"达到了完善的程度"[1]，因为生息资本具有钱能生钱的形式，这使得资本拥有了"魔力"，成为"最富有拜物教性质的形式"[2]。

在21世纪的今天，尽管劳动形式发生了多种多样的变化，但是资本主义社会中劳动力是商品的性质并没有改变，改变的只是作为生产资料的存在形式和劳动力参与劳动的方式不同而已。在资本主义的最初发展过程中，生产资料只是以厂房、机器、设

---

[1] 《马克思恩格斯全集》第三十五卷，北京：人民出版社2013年版，第304页。
[2] 《马克思恩格斯文集》第七卷，北京：人民出版社2009年版，第440页。

备以及原材料等形式存在，而今则表现为智能机器人和智能生产线，这些智能化机器人，无论如何智能，它是机器的属性并没有改变，仍然属于生产资料的范畴。但是当今智能化的生产资料同传统的机器设备等形式的生产资料还是有区别的：智能生产线的拟人化劳动和智能化管理、数字化处理以及柔性化生产，让资本主义生产更加高效，让智能化机器在一定程度上具备人的某些非凡劳动能力，甚至在很多恶劣条件下劳动力不能完成的任务，智能机器人可以轻松做到。从这种意义上讲，智能机器人部分地代替了劳动力的劳动。

人类制造出了人工智能（AI），有时候它们的实力要远远超过人类。特别是随着时间的推移，人工智能的进步不断加快，一些原本不可能实现的事情，在人工智能时代变得轻而易举。

人工智能在未来真的会代替人类吗？一些研究人员认为，人们不必如此担忧。既然智能机器是人造的，那么人类就会在察觉到"苗头"的时候，想方设法地将其"铲除"，以免日后危害到人类。

还有一些人担心智能机器人的"自主意识"会对人类产生威胁，这也是科学家们关心的问题。从目前的发展情况看，再过十年，人工智能就会代替大部分的体力劳动。

此外，在深度学习技术的发展下，智能机器人可以简单地识别和判断声音、文字、图像等信息，从而胜任很多简单的识别和判断工作。通过声音和影像，智能机器人就能判断出目标顾客的身份，接替一些工作以协助人类提高工作效率。除此之外，有一些类似的服务，比如内容审查等工作也会交由智能机器人完成。在进行视频审查时，人工智能会通过深度学习和运算力对每一帧敏感信息进行分析，筛选出最重要的部分，接着才进行人工筛选，从而极大地减少审查工作的负担。人们很难想象，如今基础财务工作也正逐渐交由智能机器人操作。当前，许多公司相继发布了金融智能机器人计划，这意味着，在不久的将来，许多从事信息收集和管理的初级会计师，会被智能机器人取代。

但与此同时，某些工作还是难以被替代的。那些没有重复劳动的工作，具有创意性的工作以及需要大量情绪管理的工作等，比如艺术创意、医疗服务，由于目前智能机器人受技术水平所限，还不能完全掌握自然文字，也就没有办法充分理解人的情绪，在这些领域，有些工作还不能被人工智能所接替。

老的行业被淘汰，新的行业也会出现。在将来，如果有一台智能机器人替代了人工，那么意味着，在电脑和程序设计等方面，将会有大量的技术支持。事实上，世界上没有一成不变的工作，正所谓"兵来将挡，水来土掩"，对于人工智能可能带来的危害，大家不必过于担心，而应当利用好它，不断提升自己。在看到人工智能可能带来的危害的同时，要看到其带来的益处。现在许多危险的工作是由智能机器人完成的，比如矿井勘探、火车轨道检测、高压电力传输站点的检测、桥梁破损检测、大楼外壁清洗等，在这些工作中，用智能机器人替代人工，可以保护人类的安全。此外，智能机器人的使用有助于提高生产效率，促进生产效能。人工智能的广泛使用，带给人类的好处还是很多的。因此，对于人工智能来说，我们要保持一种正面的心态。

从长期来看，当经过了人工智能替代的"阵痛"后，随着人工智能接替某些行业的岗位，必然会出现新的就业需求和新的工作岗位。新型就业岗位将为社会奠定坚实的社会根基，同时在人工智能的积极协助下，现有的工作岗位也会顺利地"进阶"，让人们从重复工作中解脱，把更多的精力放在更有意义的工作上，不断向人的自由全面发展迈进。因此，现在我们应该突破固有观念，与其陷入被人工智能取代的恐慌不可终日，倒不如趁此机会，做好思想建设和准备工作，到那时，非但不用被人工智能代替，反而可以让它"打下手"。

通过对人工智能的政治经济学分析，我们发现："人工智能的要素属性具有资本和劳动的二重性，实现了人与物的复杂性结合。在劳动属性方面，其兼具超越组织边界的高度社会化和超越复杂劳动的指数化两种特性，在资本属性方面，以一种新的资本形态成为推动产业革命的重要力量。"① 在这里，智能劳动模糊了生产资料与劳动力的明确界限，智能劳动将劳动和智能化融为一体。智能劳动是高度社会化劳动的存在形式，也是私人劳动高级化的技术表征。运用马克思的劳动价值论分析智能劳动及其价值，可以看出："智能劳动是包含人工智能科技要素的劳动，智能劳动价值包含人工智能科技成果的转化价值。"② 事实上，人工智能只是信息工业时代社会生产力高度发展的结果，是马克思所说的现代科学劳动的实现形式，并没有超出马克思劳动价值论研究的范畴。需要指出的是，人工智能本身是劳动者脑力劳动的结果，是高级脑力劳动的智能化体现形式，无论多么高级的智能机器人都是高级工程师——由人设计研发出来的，所以，智能机器人仍然是"物"的存在，而不是作为"类"的人的存在，它依然不能完全取代作为劳动者的人。

马克思通过对劳动力商品的特点和货币转化为资本的分析指出，资本家用货币购买的是雇佣工人这种劳动力商品，劳动本身并不是商品，劳动力商品的使用价值具有成为价值源泉的

① 罗润东、韩巧霞、段文斌：《人工智能的要素属性及其就业含义》，《福建论坛（人文社会科学版）》2021年第2期。
② 何玉长、宗素娟：《人工智能、智能经济与智能劳动价值——基于马克思劳动价值论的思考》，《毛泽东邓小平理论研究》2017年第10期。

特殊属性，它的实际使用本身就是劳动的物化，从而创造了剩余价值，使货币转化为资本。马克思的分析揭示了剩余价值的真正来源，阐明了资本的实质，揭露了资本拜物教产生的秘密，为科学认识资本主义经济制度的本质提供了有力的理论武器。

二、资本主义私有制：生产资料归资本家所有

生产资料所有制是生产资料归属问题，是所有制的核心，体现着生产关系。无论何种社会，进行物质资料生产，都必须实现劳动者与生产资料的结合。但是，不同的社会，劳动者与生产资料的结合方式不同，生产关系的性质就会不同。

历史地看，在奴隶社会中，奴隶主占有生产资料，奴隶与生产资料的结合，是以奴隶主对奴隶完全人身占有为基础的。在封建社会，封建主占有生产资料，农民与生产资料的结合，是以农民对封建主的人身依附为条件的。在资本主义社会，资本家占有生产资料，劳动者与生产资料的结合，是以劳动者一无所有、只能自由地出卖劳动力实现的。因此，资本主义社会的生产关系不同于奴隶社会、封建社会，资本家和劳动者之间的关系是资本与雇佣劳动的关系，资本家凭借对生产资料的所有，在所谓的"自由平等"买卖的假象下，无偿占有雇佣工人创造的剩余价值，形

成了资本与雇佣劳动之间的剥削与被剥削关系，这就是资本主义所有制的本质，更具有剥削的隐蔽性，决定着资本主义生产、交换、分配及消费关系。

那么资本主义所有制是一种什么所有制？资本主义所有制是一种生产资料归资本家所有的私有制，即资本主义私有制。在资本主义私有制中，资本家既拥有生产资料的所有权，又拥有对雇佣工人的支配权，并凭借这种所有权和支配权实现对全部劳动产品的占有和支配，这充分体现出资本主义生产关系及经济利益的实现形式。

马克思在资本积累理论中集中探讨了资本主义所有制问题。资本积累及其实现推动了商品生产所有权规律转化为资本主义私人占有规律，而资本主义私人占有规律又恰恰是资本主义所有制形成和巩固的核心所在。资本积累实现形式和途径的丰富化、多样化，进一步强化了资本主义私人占有关系和资本主义所有制基础。资本积累、资本主义简单再生产、资本主义扩大再生产同资本主义私有制是资本贯穿下的资本增殖逻辑和资本占有逻辑的产物。马克思考察资本积累的过程，一方面揭示了资本主义占有规律的本质，解蔽了资本如何连续而流动地占有劳动，另一方面也揭开了资本主义所有制的遮幕，展示了资本主义所有制的内在逻辑。因此，要彻底解决资本主义所有制的内在矛盾，就必须准确理解资本积累，革除资本积累的弊病。①

在资本主义私有制下，资本是连续占有劳动的，劳动具有什么属性呢？在私有制商品经济中，生产商品的劳动具有双重属性，既是一种社会劳动又是一种私人劳动。具有社会性质的社会劳动是由社会分工决定的，具有私人性质的私人劳动是由生产资料私有制决定的。私有劳动能否转化为社会劳动，即私人劳动生产的产品能否与社会需求相适应、能否顺利售卖实现商品价值，决定着商品生产者的命运以及再生产的进行。由此可以看出，私人劳动和社会劳动之间的矛盾只有通过商品交换的实现才能解决。而私人劳动和社会劳动之间的矛盾是私有制商品经济的基本矛盾，这一矛盾贯穿于商品经济发展过程的始终。资本主义私有制是一种私有制商品经济，私人劳动和社会劳动之间的矛盾同样存在于资本主义商品经济发展过程的始终。

资本主义私有制一旦产生，将会产生怎样的后果？资本主义私有制是资本剥削劳动、资产阶级剥削工人阶级的根源，也是资本主义基本矛盾产生的最深层次根源。资本主义基本矛盾在现实的资本主义中表现为两个具体矛盾：一是个别生产的组织性与社会生产的无政府状态之间的矛盾，二是生产无限扩大的趋势与劳

---

① 蔡玲：《资本积累与资本主义所有制的内在逻辑——基于〈资本论〉的理论考察》，《江汉论坛》2021年第1期。

动人民有支付能力的需求相对缩小之间的矛盾。资本积累的一个直接结果就是相对过剩人口的形成，从而导致更多的失业和更严重的剥削。此外，作为资本积累后果的相对过剩的人口，又会促进资本的进一步积累。积富积贫是资本主义积累的一般规律。资本积累、资本有机构成提高、相对过剩人口，三者作用的结果必然导致社会的两极分化。资本主义私有制带来的两极分化进一步加剧了人的不平等、剥削和压迫，对此英国空想社会主义者托马斯·莫尔将私有制看作一切罪恶的根源，"如不彻底废除私有制，产品不可能公平分配，人类不可能获得幸福"①。总之，资本主义私有制是造成社会不平等和经济危机的总根源。

资本主义所有制的私有性质决定着资本主义生产目的是最大限度地榨取剩余价值，追逐剩余价值的冲动促使资本家不断改进技术，提高劳动生产率，扩大生产规模。这就使得生产社会化程度越来越高的同时，伴随资本积累、积聚和集中，社会财富越来越集中于少数大资本家的手中，私人劳动和社会劳动之间的矛盾进一步发展成资本主义基本矛盾，即生产社会化和生产资料资本主义私人占有之间的矛盾。这个基本矛盾是资本主义社会一切矛盾和冲突的根源，它决定着生产扩大和价值增

---

① ［英］托马斯·莫尔：《乌托邦》，戴镏龄译，北京：商务印书馆1982年版，第44页。

殖之间的矛盾、剩余价值生产和剩余价值实现之间的矛盾等商品经济中的各种矛盾及其发展趋势。在资本主义制度下，正是这一矛盾的不断运动，才使资本主义制度最终被社会主义制度所取代具有了客观必然性。

在研究资本主义私有制问题时，必须旗帜鲜明地反对有关股份制是生产资料公有制实现形式的错误观点。股份制的产生及其发展是资本主义基本矛盾不断深化发展的结果。尽管股份制使得资本主义私有制在具体实现形式上发生变化，在一定程度上适应了生产社会化的要求，因而对生产力的发展是有益的。但是值得注意的是，股份制是资本组织形式发生新的变革，但是并没有改变资本主义私有制的性质，从本质上说，股份制依然是一种资本主义的私有制。如果说股份制的进步意义在哪里，那就是"股份制的出现为资本主义向社会主义的转变准备了条件"①。

在资本主义私有制条件下，资本家凭借对生产资料的所有权，不仅拥有对雇佣工人的支配权，并通过这种所有权和支配权实现对劳动产品的占有和支配。由此可以看出，资本主义生产方式和生产关系决定分配方式和分配关系。马克思认为，分配包括生产资料的分配和消费品的分配，而生产资料的分配与生产资料

---

① 项启源：《不能把股份制等同于公有制——兼与厉以宁教授商榷》，《经济学动态》2004年第4期。

所有制密切相关，消费品的分配主要是指社会做了必要扣除之后的个人消费品的分配。在资本主义社会，生产资料归资本家所有，是资本主义生产关系的基础。在个人消费品的分配中，劳动者获得工资是劳动力所创造价值的一部分，而剩余价值则由资本家瓜分。资本家之所以能占有剩余价值，是因为资本家占有生产资料，并不断通过资本积累和追加资本扩大再生产，雇佣更多的工人，获取更多的剩余价值。马克思认为，整个社会的财富都是按照资本所有权进行分配的。在这样的分配方式下，劳动者只获得了劳动力价值即工资而没有剩余，为了维持生存不得不继续接受资本家的剥削。这种分配方式既是资本家与劳动者之间进行分配的前提，又是维持资本主义剥削制度的基础。

另外，我们可以从收入分配的角度来看看资本主义的分配。从收入分配过程看，收入分配可分为初次分配、再分配等。资本主义社会个人收入的初次分配是在创造个人收入直接相关部门中进行的分配，即在与再生产过程中直接有关的各个阶级和阶层之间的分配。其分配的过程大致是：在产业部门，产业资本家首先占有全部个人收入，然后把相当于可变资本的部分，以工资的形式支付给产业部门的雇佣工人；相当于剩余价值的部分，则通过部门之间的竞争和利润率的平均化，在各剥削集团之间进行分配，产业资本家从产业中获得利润，商业资本家从商业中获得利润，借贷资本家获得利息，地租由土地的所有者获得。在马克思看来，等量资本获得等量利润。产业资本家、银行资本家、商业资本家、农业资本家瓜分到的都是按照平均利润率获得的平均利润。平均利润率是剩余价值总量与社会总资本的比率。在这种情况下，每一个资本家所得到利润量的大小，不仅取决于该资本家对本企业工人的剥削程度，还取决于整个资本家阶级对整个工人阶级的剥削程度。

收入的初次分配，是发生在生产过程中的分配，在生产过程之外还存在着再分配，再分配是以初次分配为基础的分配。资本主义社会收入的再分配，主要通过国家的财政和各种服务收费的形式来实现。国家财政对收入进行再分配，主要是通过财政预算，即对个人收入的一部分进行集中和使用来实现。马克思认为，在收入分配的自发调节过程中，价格、财政、税收和银行信贷等都是调节分配的重要杠杆。它们的分配功能贯穿于个人收入分配和再分配的全过程，即它不仅调节不同经济主体间的利益，而且通过利益导向调节供求，从而使生产和需要、积累和消费符合一定的客观比例，使社会再生产得以正常运行。

刚刚我们介绍了马克思的分配理论，在这里还要对资本主义分配理论存在的错误之处进行揭示及批判。资本主义分配理论主要是按生产要素贡献进行分配的理论。按生产要素贡献进行分配，不能把按生产要素贡献进行的分配理解为按价值创造进行的分配，也不能将其理解为按生产要素贡献所生产的物质财富的分配，按生产要素贡献进行的分配并不是把产品分配给生产要素，而是由生产要素所有者来进行分配。按生产要素贡献进行分配，只能理解为资本、土地等生产要素的所有者为生产和经营提供了必要的物质条件，也就是为创造价值提供必不可少的条件而进行的分配。这些生产要素的所有者之所以能够参与分配，凭借的是他们对这些生产要素的所有权。①

二战后，资本主义分配制度发生了变化。资本主义从自由竞争资本主义时期的分配制度发展到垄断资本主义时期的分配制度再到国家垄断资本主义时期的分配制度，其间经历了漫长的演变过程，分配制度的演变也说明了资本主义生产力和生产关系的时代化调整。这些调整，是在资本主义自身制度允许范围内进行的调整，为资本主义的生命增添了一定程度的活力。那么，资本主义在分配领域的制度又发生了哪些变化呢？

首先，分配制度创新主体从过去的两大主体变化为三大主体。过去是资本家集团和工人集团，而今是资本家集团、工人集团和政府集团。在工人集团的作用之下，分配开始出现有利于工人阶

---

① 吴宣恭：《关于"生产要素按贡献分配"的理论》，《当代经济研究》2003年第12期。

级的变化。尽管从总体上看，资本主义社会依然是按资分配，但是工人集团的力量使得这种分配制度发生松动，特别是工人集团内部技术水平的提高，促使工人阶级在分配领域的发言权提高。作为政府集团的代表，政府开始调节以往逐渐恶化的劳资关系，并驱使资本家集团在一定程度上作出让步。从公共选择理论的角度来看，政府协调劳资关系改善资本主义国家分配制度也有自身政治利益和经济利益的双重考量。所以，政府变革分配制度既要维护资本家集团的既得利益，又要为了最大化的政治支持而考虑公众利益，调节劳资关系，健全社会保障，实现社会公平。[①]

其次，按劳分配出现了新的方式。劳动力分配可以通过劳动力资本化提升劳动力收入水平。劳动力参与利润分配，抑或劳动力资本化，在马克思主义理论中没有现成的答案。劳动力参与分配利润，对于劳动者来说，是劳动者参与分配净利润。企业的净利润被劳动者所分配，意味着按劳分配原则逐步深入利润分配的最本质领域，意味着劳动力真正的资本化。[②]

最后，资本主义分配正义问题依然严峻。资本主义分配正义只是虚幻的影像，至多是停留在口号层面的分配正义。为此，揭

---

① 韩保江:《当代资本主义收入分配制度创新的内在机制》,《中共中央党校学报》2001年第3期。

② 征汉文:《按劳分配本质的哲学思考》,《学海》2005年第4期。

露资本主义分配正义的实质并对资本主义分配正义进行批判是马克思主义学者的神圣职责。从经济层面看，资本主义社会的分配制度对工人阶级仍极其不公，尽管工人阶级的收入在增长，但是依然没有利润增长的速度快，工人阶级仍然处于被严重剥削的地位。从政治权利层面看，资本主义社会只是在法律形式上赋予了工人正义，但事实上工人并没有实力和能力真正享有这些政治权利，反而陷入实质上的非正义状态，工人集团同资本家集团的谈判能力依然较弱。从伦理道德层面看，资本主义的分配制度违背了无产阶级的道德观念和道德诉求，违反了工人阶级的整体利益，因而是不正义的。

三、资本主义政治制度：资产阶级的政治统治

资本主义政治制度是资本主义国家的政权组织形式，反映了占统治地位的资产阶级的要求。资本主义政治制度建立在资本主义经济基础之上，它和资本主义意识形态一样都是资本主义的上层建筑，为巩固和发展资本主义经济基础提供制度保障。

（一）资本主义政治制度的形成

资本主义国家是资产阶级进行政治统治的工具。资本主义政体取决于资本主义国体，即国家的阶级本质。资本主义国家的阶

级本质是资产阶级专政，代表着资产阶级利益，并维护资产阶级对无产阶级进行剥削与压迫。资本主义国家的职能包括对内和对外两个基本方面，对内实行政治统治和社会管理，对外进行国际交往、维护国家安全和利益，由此决定着资本主义政治体制。资本主义国体决定政体，资本主义政治制度主要包括资本主义民主与法制、政权组织形式、选举制度、政党制度等等。

　　资本主义政治制度是在资本主义反对封建主义的斗争中逐步形成的，并伴随着资本主义制度的确立和社会矛盾的激化不断发展起来。最初为了推翻封建主义的统治，资产阶级提出了"主权在民""天赋人权""分权制衡""社会契约论""自由、平等、博爱"等政治主张，并以此为基础，建立了所谓的资本主义政治制度。但是资本主义制度确立后，等待工人阶级的现实却是，资产阶级所谓的"自由、平等、博爱"实为"一幅令人极度失望的讽刺画"①。尽管在资本主义政治制度下，资产阶级为了维护统治，缓和阶级矛盾，不得不对工人阶级作出一定的让步，给予工人阶级一定的权力和自由，比如选举、言论、出版、集会、结社、游行示威、自由迁徙等。但是这些让步，都是在不危及资本主义根本利益及阶级统治的条件下作出的妥协。这才是资本主义政治制度的实质。

---

① 《马克思恩格斯文集》第三卷，北京：人民出版社2009年版，第527页。

（二）资本主义政治制度的内容及本质

在资本主义政治制度中，法制是其重要内容。而资本主义法制的核心是宪法。资本主义宪法坚持的基本原则如下：

第一，私有制原则。私有制原则是资本主义宪法的基础。私有制是指生产资料归私人占有的一种所有制形式，资本主义私有制就是生产资料归资本家占有的所有制。建立在资本主义私有制之上的资本主义宪法，其基本原则就是保护资本主义私有制，为资产阶级利益服务，保障资产阶级的权利。

第二，主权在民原则。这个原则表面上看，是每隔数年进行一次总统选举或全民公投，由此确定谁来统治、管理国家。但这只是形式上的"主权在民"，无法从根本上改变国家权力实际上控制在资产阶级手中的状况。[①]

第三，分权制衡原则。这一原则将国家权力分为立法、行政和司法三大权力，它们各司其职，独立行使自己的权力，彼此相互制约、相互牵制，以求平衡。但是分权制衡的实质，只不过是国家权力在资产阶级内部进行的分配而已。

第四，人权原则。这一原则源自近代自然法学学派提出的"天赋人权"，表明了"自由的和自主的个人"具有不可侵犯的

---

① 张志昌：《资本主义社会法治文化的一般生成逻辑审视与批判》，《河南大学学报（社会科学版）》2015年第1期。

基本权利。但是这种人权原则，侧重的是个人的政治权利，而忽略了生存权和发展权。

总的来说，资本主义的政权采取的是分权制衡组织形式，国家的立法权、行政权、司法权分别由不同的权力主体独立行使，相互牵制以形成"制衡"。资产阶级内部有各个实力不同的利益集团，不同的利益集团以维护自己集团利益的方式，直接或间接地左右着国家政权的运行。分权制衡会导致权力分散、行动迟缓、相互掣肘等弊端。

资本主义国家的选举制度，是资产阶级制定某种原则和程序，通过竞选产生议会和国家元首的一种政治机制。资本主义国家的选举制宣称"普遍、平等、直接"等，但选举制实际上是资产阶级作为统治阶级，为了协调内部利益，在社会矛盾冲突严重时才不得不改进以缓解矛盾的重要措施。

以英国议会选举制度为例，该选举制度变迁经历了漫长的历史过程。1295年召开的"模范议会"开启选举制度变迁的历程。1832年标志着英国议会进入选举制度大变革的时期。1948年标志着英国议会进入选举制度现代化的阶段。[1]从历史制度主义的角度来透视英国选举制度的变迁，不同政治集团之间的政治冲突是直

---

[1]　陈家刚、何俊志：《历史制度主义视域下英国议会选举制度变迁及其逻辑研究》，《公共治理研究》2021年第6期。

接动力，以不同利益集团为核心的不同政党之间斗争是中间机制，以工业革命为核心的资本主义工商业发展是经济基础。这三者共同形塑了英国选举制度变迁的特征，也决定了英国选举制度变迁与其他国家的共性与差异性。英国1918年、1928年的《人民代表制法》，男女平等地享有选举权，1928年才给予妇女投票权，到1948年才实行一人一票的平等投票权。英国传统上形成的单选区相对多数制有其根本缺陷，于是2010年英国大选强烈要求改变选举制度的自民党与保守党联合执政，但是这一改革没有成功。①

法国实行的是"半总统半议会"的政治体制，这种制度使得强势总统居于国家权力的中心地位，总统对国家的内政外交均施加十分重要的影响。与其他主要资本主义国家不同，法国的总统并非通过议会的间接选举产生，而是通过选民的直接选举产生。法国的政治体制形成于法国大革命与启蒙运动的共同作用。1789年7月14日，巴黎民众占领了巴士底狱。此后，法国先后出台了《人权宣言》、1791年宪法。在革命的冲击下，法国哲学家卢梭等人的政治思想为法国的总统选举制度奠定了思想理论基础。卢梭以"公意"为基本范式，论述了"主权在民"的理论逻辑。所

---

① 英国政党政治结构、国民政治心态、选举制度本身几个层面的直接原因和深层原因共同造成了政党选举制度改革失败的结局。参见李济时、韩荣卿：《当前英国的选举制度改革：根由、进程与争议》，《当代世界与社会主义》2018年第5期。

谓公意，即"国家全体成员的经常意志"①。法国1946年通过的宪法规定年满21岁的男女公民都享有选举权。

在美国实行的是普选制。美国的选举制度规定：除法定特殊情况之外，所有适龄公民都有权参加选举。②美国选举制度至今仍然存在一些相当严重的缺陷，如选举法律仍有许多阻碍投票的规定，美国宪法目前仍含有违背民主原则的条款，美国实施重划议院选区的过程致使政党可以操纵选举结果，这样的政治游戏扭曲了美国的政治选举。与美国选举相关的法律过分依赖司法程序维护选举权利本身就造成了对选举结果的影响。这些缺陷极易造成违反一人一票基本民主原则的选举结果，实际剥夺部分选民（尤其是部分少数族裔选民）的选举权利，影响民主体制的正当性。美国选举制度中逐渐完善的选区划分、候选人提名、选票计算等竞选形式保证了资产阶级利益集团的代表的当选。虽然从形式上看，竞选制度是公民参与国家事务的重要形式，公民的诉求可以通过参与竞选得到表达，公民选出能代表自己意愿的人以影响政治决策的走向。但是美国所谓的"民主"，实际上仍然是"金钱政治"；名为"一人一票"，实际上是"少数精英统治"；权力制衡变成了相互"否决政治"；选举规则的缺陷损害了公平

---

① ［法］卢梭：《社会契约论》，北京：商务印书馆1994年版，第140页。
② 张毅：《美国选举制度的缺陷》，《国际政治研究》2020年第5期。

正义，而民主制度的失灵更是引发了信任危机。在这种情况下产生的种族歧视、疫情失控、贫富分化加剧等问题正是这种所谓"民主"的直接体现。[①]

资本主义选举制度的实质是确保资产阶级自身的民主。从资本主义民主制度的实施方面来看，无论哪个政党的代表人物上台，并不影响资产阶级统治的实质，选举制度是资产阶级专政的工具。正如马克思所说，"选举是一种政治形式……选举的性质并不取决于这个名称，而是取决于经济基础，取决于选民之间的经济联系"[②]。

资本主义政党制度是代表资产阶级根本利益的政党行使或参与国家政权的一种制度。资本主义国家的政党制度主要有两党制和多党制等形式。两党制是由两个势均力敌的政党通过竞选争夺执政地位、交替组织政府、轮流执掌政权的政党制度。多党制是指资本主义国家由两个以上政党轮流或联合执政的政党制度。无论两党制或者多党制，他们只是代表资产阶级内部不同的利益集团而已，对于维护资产阶级的根本利益这一问题并没有分歧。资本主义政党制度只不过"轮流地使政权从一只手中放下，又立刻

---

① 中华人民共和国国务院新闻办公室：《2021年美国侵犯人权报告》，《人民日报》2022年3月1日。

② 《马克思恩格斯文集》第三卷，北京：人民出版社2009年版，第406页。

被另一只手抓住"①。

总的来看，资本主义政治制度是资产阶级革命的重要成果，在人类社会历史的发展过程中曾起到重要的进步作用。资本主义政治制度的进步作用表现为以下三点：

第一，它是反对封建专制的产物，把人们从封建的等级压迫制度、人身依附关系等中解放出来，是社会历史的巨大进步。以英国为例，英国是最先通过资产阶级革命建立资产阶级政权的国家，是西方第一个建立资产阶级民主制度的国家。英国的资产阶级革命打破了封建专制壁垒，使资产阶级的自由竞争得到了政治保障，资本主义得到自由驰骋、安全发展、秩序稳定的政治环境，开创了人类社会的资本主义时代。

第二，作为上层建筑的资本主义政治体制，在一定程度上克服了封建生产关系的弊端，极大地推动和巩固了资本主义的生产方式，推动了社会生产力的发展。因此，马克思指出："资产阶级在它的不到一百年的阶级统治中所创造的生产力，比过去一切世代创造的全部生产力还要多，还要大。"②资本主义政治体制是一种颠覆封建专制的政治体制，是一种新的资本主义秩序，形成了有利于资本主义经济全球化和政治全球化的国际秩序，促进了

---

① 《马克思恩格斯全集》第十一卷，北京：人民出版社1962年版，第399页。
② 《马克思恩格斯文集》第二卷，北京：人民出版社2009年版，第36页。

社会生产力的发展，西方经济文明和政治文明共同推动了人类社会的进步，这是资本主义政治制度的先进性；但是这种先进性只是相对于封建主义制度而言。后文我们还会深入阐述资本主义政治制度的局限性。

第三，资本主义政治制度在历史发展进程中积累了丰富的政治统治和社会管理经验，客观上在一定范围内为无产阶级争取解放斗争提供了有利条件。列宁指出："民主共和制和普选制同农奴制比较起来是一种巨大的进步，因为它们使无产阶级有可能达到现在这样的统一和团结，有可能组成整齐的、有纪律的队伍去同资本有步骤地进行斗争。"[①]资本主义政治制度的确积累了部分成功的政治治理经验，而对于这些西方资本主义国家的政治治理经验，我们可以通过变换其本质内容为我所用。

我们必须看到，资本主义政治制度实质上是资产阶级的政治统治，是资本主义国家政权的管理形式，服务于资产阶级专政，是资产阶级保护私有制、巩固其统治的政治手段。资本主义政治制度不可避免地有其阶级和历史局限性。

第一，建立在私有制基础上的资本主义政治制度，是资产

---

① 《列宁专题文集：论辩证唯物主义和历史唯物主义》，北京：人民出版社2009年版，第295页。

阶级维护其统治地位的基础。从表面上看，资本主义政治制度赋予了工人阶级参与政治活动的权力，但它本质上仍然是资产阶级自主选择国家管理者并实现内部平衡的一种机制。马克思认为："私有财产这一人权是任意地、同他人无关地、不受社会影响地享用和处理自己的财产的权利……这种个人自由和对这种自由的应用构成了市民社会的基础。这种自由使每个人不是把他人看做自己自由的实现，而是看做自己自由的限制。"①资本家拥有剥削劳动者的权利和自由，而劳动者只有出卖劳动力的权力和自由，不得不接受资本家的剥削和压迫。列宁曾说，"就是在最民主的共和制度下，国家也无非是一个阶级镇压另一个阶级的机器"②。即使在最民主的共和国中，资产阶级的国家也不过是一个阶级压迫另一个阶级的机器而已。

第二，资本主义民主是资本操控下的民主。资本主义的选举，往往被大财团控制，一般民众根本无法支付足够的竞选活动经费。从这种意义上讲，资本主义的选举是有钱人的游戏，公众舆论也被资本操控。就像列宁说的，"资本主义社会里的民主是一种残缺不全的、贫乏的和虚伪的民主，是只供富人、只供少数

---

① 《马克思恩格斯文集》第一卷，北京：人民出版社2009年版，第41页。
② 《列宁全集》第三十一卷，北京：人民出版社2017年版，第86页。

人享受的民主"①。这说明，在资本主义国家，民主只不过是一种贫乏虚假只供富人享用的民主。

第三，名义上的法律平等掩盖了事实上的不平等。资产阶级的法律将资产阶级和工人阶级事实上存在的不平等合法化为受法律保护名义上的平等。资产阶级所谓的"人人平等"，其实是资产阶级内部的"人人平等"，并不是"资产阶级和无产阶级"的"人人平等"，资产阶级所主张的"人权"也只是少数人享有的权利。

我们应当怎样看待资本主义政治制度呢？我们要辩证批判地看待资本主义政治制度，既要看到其历史的进步性，即不能完全地推翻否定，又要看到其局限性和为资产阶级利益服务的实质。因此，邓小平同志指出："社会主义要赢得与资本主义相比较的优势，就必须大胆吸收和借鉴人类社会创造的一切文明成果，吸收和借鉴当今世界各国包括资本主义发达国家的一切反映现代社会化生产规律的先进经营方式、管理方法。"②马克思对待资本主义制度的历史地位问题也不是持完全否定的态度，一方面，马克思对资本主义政治制度进行了彻底地无情揭露和深刻批判；另一

① 《列宁专题文集：论马克思主义》，北京：人民出版社2009年版，第261页。
② 《邓小平文选》第三卷，北京：人民出版社1993年版，第373页。

方面，对它们在历史上的进步作用也给予了充分的肯定和一定程度的赞扬。所以，对待资本主义政治制度，我们既要坚持批判的态度，也要客观地评价它的历史地位和文明意义，这才是科学对待资本主义政治制度的正确态度。

本章小结

资本主义制度主要包括资本主义经济制度和资本主义政治制度。马克思从劳动力这一特殊商品的使用价值和价值角度揭示了资本主义剥削的秘密，又从货币转化为资本的视角阐明了生产资料资本主义私有制确立过程的源头，这是我们科学认识资本主义经济制度本质的有力理论武器。如果说单个资本家获得的只是剩余价值，那么资本家群体——资产阶级则不仅要获得更多的剩余价值，还要获得永久占有剩余价值的权力，那就是资产阶级的统治。这样一来，资产阶级占据统治地位并维护统治地位就成为资本主义政治制度的核心内容。资产阶级所做的一切努力都是为了确保其统治地位和经济利益，资本主义政治制度尽管在国家管理职能方面相对于封建社会有着巨大的进步，但是这并不能成为掩盖资本主义虚假民主政治和虚伪公平公正的借口。资本主义政治制度是与资本主义经济制度相适应并为其服务的上层建筑，它反映了资本主义社会的生产关系，反映着政治上占统治地位的资产阶级的利益和要求。因此，只有真正认清资本主义政治制度的本质，才能充分理解资产阶级的经济制度及资本家的行为动机。

第四章

观念属性
——资本主义意识形态

　　中国是社会主义国家，我们坚持马克思主义在意识形态领域指导地位的根本制度。西方国家是资本主义国家，西方国家的意识形态又是怎样的呢？或者说，资本主义意识形态主要包括哪些内容？资本主义意识形态又是如何形成的？资本主义意识形态的本质和特征是什么？这些西方资本主义国家的意识形态对中国进行了哪些渗透和影响？这些问题都需要我们从资本主义意识形态的观念属性入手进行回答。资本主义意识形态是在资本主义国家占统治地位的资产阶级的思想体系，是反映资产阶级利益和要求的各种思想理论及观念的总和。资本主义的意识形态作为资本主义社会的上层建筑，其本质是为资本主义经济、政治制度服务和辩护的，其主要任务是论证资本主义社会的合理性。

一、资本主义意识形态：斗争中形成

　　什么是资本主义意识形态呢？资产阶级意识形态曾在批判

封建主义、宗教神学及启发民众方面具有积极意义和战斗作用，并成为资产阶级革命的思想武器。资产阶级取得政权成为统治阶级之后，标志着资产阶级走到历史舞台前，成为开辟资本主义道路的先锋。资产阶级在革命取得胜利后，就开始构建有利于资产阶级整体利益的资本主义国家的意识形态。从经济基础和上层建筑之间的关系来看，符合资产阶级利益集团要求的资本主义意识形态不仅是极其重要的，而且成为国家意识形态结构中最主要的组成部分。[①]

　　资本主义意识形态是在资产阶级反对封建专制主义和宗教神学的斗争中逐步形成和发展起来的。资本主义意识形态的建立从反对宗教神学开始。如果单个人或者某个资产者反对中世纪宗教，是不会形成资本主义意识形态的，只有整个社会掀起反对宗教神学、反对宗教统治的浪潮，一种代替宗教的新意识形态才能建立起来。在欧洲，这一反对中世纪宗教神学、反对教会统治的运动就是轰轰烈烈的宗教改革运动。1517年10月31日，马丁·路德将"九十五条论纲"贴在德国维滕贝格城堡教堂大门上，开启了宗教改革运动。从1517年到2017年，回首这五百年，是欧洲走出中世纪蒙昧、进入近代工业社会的五百年，是资本

---

　　① 易惕安、俞可平：《当代西方国家理论评析》，西安：陕西人民出版社1994年版，第208页。

主义意识形态从弱小到强大的五百年，是将宗教统治推下神坛的五百年。这场新教运动不单是基督教教会内部的宗教改革运动，更是一场席卷整个欧洲的社会革命。

资产阶级意识形态的产生有着深厚的社会基础。欧洲中世纪晚期从农耕社会进入商贸社会，商贸社会是资产阶级意识形态产生的社会基础。欧洲近代从商贸社会进入工业社会，经济上出现了英国工业革命，政治上爆发了英国光荣革命、法国大革命及普鲁士改革。所以，这些都不是孤立事件，而是有内在联系的整体事件。如果说中世纪的社会结构适合于农耕社会，那么它越来越不适应于商贸社会，商贸社会要求的自由、平等、人权等条件同当时的宗教统治格格不入，这就是宗教改革运动必然发生的社会因素。

资产阶级意识形态的建立离不开法律的保护。中世纪末期欧洲商贸社会需要新的法律体系来保障新兴商业资产阶级的利益，于是，法律的斗争也是宗教改革运动的内容。要实现正常的经济贸易，必须有法制保障。西罗马帝国被日耳曼人占领后，古罗马法不仅被抛弃，连罗马法的文书都遗失了。东罗马帝国皇帝查士丁尼一世（483—565年）在位期间，主持编纂《查士丁尼法典》。尽管皇帝主持，但法律本身比较理性，没有皇帝私利的烙印。12世纪，以《查士丁尼法典》的重新发现为标志，罗马法在西欧复兴。①随着罗马法复兴运动的开展，罗马法被欧洲各国继受或移植，成为欧洲各国法律的蓝本。德国现行的民法典就是19世纪浪漫主义法学派依照罗马法精神而制定的。今日所谓的德法"大陆法系"就以罗马法为基础，英美"海洋法系"沿用的是欧洲中世纪的古日耳曼习惯法；而现实中的欧美各国司法，其实同时并用或参用这两大法系。

马克思、恩格斯都曾深刻揭示过资本主义的法律本质。资本主义国家的法律只不过是统治阶级的工具，是他们的利益和意愿的表现，而非代表全体人民的利益。马克思在《资本论》中对资本主义法的本质进行了剖析："社会上占统治地位的那部分人的利益，总是要把现状作为法律加以神圣化，并且要把现状的由习惯和传统造成的各种限制，用法律固定下来。"②恩格斯更明确地揭示了资本主义法律的阶级性，他指出："法律的执行比法律本身还要不人道得多；'法律压榨穷人，富人支配法律'和'对穷人是一条法律，对富人是另外一条法律'——这是完全符合事实的而且早已成为警世格言。"③马克思还密切关注资本主义社会现实的法律关系，指出资产阶级立法中的不

①　蔺志强：《在专制与宪政之间：亨利三世时代的英国王权运作》，广州：中山大学出版社2016年版，第16页。

②　《马克思恩格斯文集》第七卷，北京：人民出版社2009年版，第896页。

③　《马克思恩格斯全集》第三卷，北京：人民出版社2002年版，第583页。

正义："要彻底认清这些漂亮诺言的虚伪性，只要看一下实践就够了。……现在我们来看看资产阶级如何作为政党、甚至作为国家政权来反对无产阶级的种种情况。整个立法首先就是为了保护有产者反对无产者，这是显而易见的。只是因为有了无产者，所以才必须有法律。这一点虽然只是在少数法律条文里直接表现出来，例如取缔漂泊流浪和露宿街头行为的法律就宣布无产阶级本身是不受法律保护的，但是，敌视无产阶级却是法律的重要基础，因此法官，特别是本身就是资产者并且是和无产阶级接触最多的治安法官，立刻就会看出法律本身所包含的这种意图。如果富人被传唤，或者更确切些说，被请到法庭上来，法官便会为打搅了这位富人而向他深致歉意，并且尽力使案件变得对他有利；如果不得不给他判罪，那么法官又要为此表示极大的歉意，如此等等，判决的结果是让他交一笔微不足道的罚款，于是资产者轻蔑地把钱往桌上一扔，就扬长而去。但是，如果是一个穷鬼被传唤到治安法官那里去，那么他几乎总是被带到拘留所，和其他许多这样的人一起过一夜，他一开始就被看做罪犯，受人叱骂，他的辩护被一声轻蔑的'啊，我们懂得这些借口'制止，最后被处以罚款，他付不出这一笔钱，于是只好在监狱里做一个月或几个月的苦役来抵罪。即使不能给他加上任何罪名，他还是会被当做流氓和流浪汉（a rogue and a vagabond——这两个词几乎总是连在一起用）送去做苦役。治安法官的偏袒行为，特别在乡间，实在是任何人都无法想象的，而且这种行为已司空见惯，以致所有不是过分耸人听闻的事件都被报纸毫不在乎地而且不加评论地刊登出来。"①

在资产阶级意识形态建立过程中，最难攻克的堡垒就是欧洲的基督教及其统治。走出中世纪蒙昧的最后一个堡垒是基督教神学。欧洲是基督教世界，基督教不仅决定了欧洲民众的生活方式和人际关系，也作为政治势力影响着整个欧洲的政治、经济与司法等。基督教对欧洲基层社会的影响深远。欧洲社会要实现发展，就必须冲破宗教束缚，冲破至高无上的教皇专制，只有上下齐心合力来一次新教运动才能彻底攻克基督教的堡垒。宗教统治体系的整体性腐败引发欧洲民众的极大不满，推翻教皇为首的宗教统治成为可能。"16世纪上半叶，英国亨利八世政权利用宣誓实施和强制推行宗教改革，而英国人民也通过宣誓反抗、抵制、否定、默许宗教改革。"②这说明，欧洲的宗教改革形式是多种多样的，其中，从上至下的宗教改革也是存在的。

资产阶级意识形态在反对宗教专制主义中获得胜利。政治

---

① 《马克思恩格斯文集》第一卷，北京：人民出版社2009年版，第481—482页。
② 陆曦：《宣誓的政治意涵——以16世纪英国宗教改革为中心的考察》，《学海》2022年第2期。

学中的"专制主义"理论源自西方。"教皇绝对主义是西方摆脱中世纪早期分散软弱的社会政治状态、集中权力的政治形式，为世俗的绝对主义提供了模本。"①反对教皇的绝对主义成为中世纪欧洲宗教改革的核心内容，这也是欧洲摆脱宗教统治的关键。要让这种摆脱深入人心，还需要教育的深层次改革将之固定下来，而大学教育是将摆脱了宗教专制主义的自由主义深入人心的最好办法。

在资本主义意识形态建立的过程中，大学起到了什么作用呢？宗教改革时期，欧洲各国大学积极参与其中，英国大学的产生和发展就是典型的例子。越来越多的英国年轻贵族和平民子弟进入世俗大学，而不是进入神学院；牛津大学和剑桥大学出现了一批由私人捐建的新学院；被称为英国"第三所大学"的律师学院的产生，是世俗大学在法律领域的发展结果；英国大学进行了课程世俗化和教学方法改革；导师制开始成为英国大学各学院的特有标志等。②宗教改革无疑推动了英国大学教育的现代化进程，不可否认的是，它引发的宗教和政治冲突也使大学不可避免地付出了代价。但是，无论怎样，大学在反对宗教统治和教会势力方

---

① 常保国：《西方文化语境中的专制主义、绝对主义与开明专制》，《政治学研究》2008年第3期。
② 易红郡、曾咏柳：《宗教改革时期英国大学的变迁》，《大学教育科学》2021年第5期。

面起到了积极的重要作用。这是宗教改革的成功标志之一，也是资产阶级意识形态斗争的表现形式。

那么，资产阶级意识形态的核心理念是什么？在资产阶级眼里，自由和民主是资产阶级意识形态的核心理念。"自由"理念起源于法国启蒙思想家孔多塞。法国启蒙运动的核心理念是理性推动人类进步。孔多塞认为理性是自由的源泉。孔多塞的《人类精神进步史表纲要》第一次系统地阐述了这一单线式理性进步历史观。孔多塞认为，人类历史就是人类理性不断解放，摆脱各种愚昧和偏见而进步的过程。

如何才能获得自由呢？理性的解放使人不断摆脱自然和社会的束缚，从而获得自由。[①]自由是每一个人都向往的生存状态，自由对人们的吸引力非常强烈。因而，资产阶级用自由标榜的意识形态运动就非常具有实施空间。资产阶级常常用自由作为借口和幌子，来欺骗和引诱其他国家，让他们为自由而奔走相告、为自由而斗争、为自由而进行内战。其实，所有这些借口，都只不过是谎言而已。当一些发展中国家真的为自由而战的时候，留下的只能是满目疮痍。

新自由主义是在新的历史条件下对传统自由主义进行改造而

---

① 梁孝：《西方现代化理论的意识形态反思——一种方法论的视角》，《齐鲁学刊》2021年第6期。

来的，它更加强调市场化、自由化和私有化。新自由主义认为，要"尽可能地实现经济自由化"，"尽快实现私有化"，需要在财政上采取强有力的手段，以确保实行自由化和私有化。新自由主义学派有许多流派，其中最具影响力的学派是英国的哈耶克学派，其次是美国的弗里德曼学派，以及卢卡斯的理性预期学派等。

20世纪80年代初，新自由主义在英、美等西方国家的经济中占有主导地位。根据新自由主义的观点，各国，尤其是发展中国家，应放宽对经济的政策，取消对本国的外汇控制，取消对本国的贸易壁垒；实行国企私营化，实行最大限度的自由化，促进市场经济的发展，促进各市场的公平竞争。国际垄断组织对此十分推崇，将其视为"灵丹妙药"，并鼓励西方发达国家的政府积极推动新自由主义。在这种大环境下，新自由主义从学术上被政治化、意识形态化，并以"华盛顿共识"为主要特征。华盛顿共识夸大了新自由主义的思想内涵，强调公有制将恶化经济，社会主义必然会走向集权，而政府的干涉只会带来较低的经济效益；提倡全球经济、政治和文化一体化，也就是全球资本化。巴西、阿根廷、墨西哥、俄罗斯等国实行新自由主义，出现了数次重大的社会和经济危机，导致了长时间的经济萧条和社会不稳定。

　　自由、民主、平等、人权等资本主义观念相对于封建的神权、王权、特权以及等级制度、人身依附等落后观念，大大解放了人们的思想，为资产阶级革命创造了思想条件，对资产阶级革命的胜利有不可或缺的作用。资本主义国家的经济制度、民主制度、法治制度等制度的形成，也受到资本主义思想观念的制约。资本主义思想观念的核心是坚持私有财产的至高无上理念和个人主义价值观，实质是坚持私有财产所有权的正当性。

　　如何让自由、民主、人权进入资本主义制度体系之中呢？资产阶级意识形态的重要作用体现在以自由、民主、人权为核心的理念发展为国家治理制度。社会契约论、三权分立理论就是在所谓平等、自由、民主等理念基础上形成的国家政治组织理论，这些理论演变成国家政治体制，在资产阶级反抗封建阶级的过程中发挥了历史性作用。看似先进的、合理的社会契约论和三权分立理论，其实隐含着逻辑错误和价值错误。

　　社会契约论者卢梭认为，政治权威在我们的自然状态中并不存在，所以我们需要一个社会契约。社会契约是放弃个人自由获得契约自由的结果，而契约自由对于所有人来说都是平等的。这样一来，卢梭把自由、平等与社会契约联系到一起。在社会契约中，每个人都放弃天然自由，这一放弃的过程是自愿的，只有放弃后才能获取契约自由。在参与民主政治的过程中，只有每个人同等地放弃全部天然自由，转让给整个集体，人类才能得到平等的契约自由。

看似有道理的契约论是否有错误呢？从上面的分析我们可以看出：社会契约理论的错误在于逻辑关系错位，它用横向关系的逻辑论证纵向关系的逻辑，把适用于调整横向层面商品交换关系的契约法则用来解释纵向层面的资产主义国家的阶级统治关系，通过逻辑关系错位实现社会契约论的建构，而这种建构却违背了国家产生的基本规律。[①]

权力让渡是否能够孕育出国家权力呢？研究发现，国家权力的产生不可能从权力让渡中产生。事实上，放弃天然自由是公民权力让渡的表现形式，而社会契约论者恰恰认为国家权力来源于权力让渡。根据马克思主义国家理论，国家权力只能来源于阶级斗争，而不可能来源于权力让渡。即使真的来源于权力让渡，这种权力让渡也不会自然而然发生，必须通过阶级斗争才能发生权力让渡，因此，从这个意义上讲，这种国家理论是荒谬的。

今天，我们如何看待三权分立呢？三权分立理论的确具有时代的进步意义。三权分立理论为分化和限制王权及贵族特权起到

---

① 李娟、王含阳：《西方宪政理论意识形态性的辩证批判》，《马克思主义理论学科研究》2021年第9期。

了积极作用，为促进资产阶级革命的胜利提供了理论指导，这是三权分立理论的进步意义。三权分立是对封建专制斗争胜利的结果，是同教皇专制统治斗争胜利的标志。资本主义国家通过建构三权分立政体来平衡资本家集团之间的利益，并试图消解社会矛盾与表达意见，以此维护资产阶级专政。

那么，三权分立到底存在怎样的逻辑谬误和现实错误呢？三权分立理论的逻辑错误在于：它以政体为逻辑指向，却用政体逻辑来解释国体逻辑，故意掩盖了资产阶级专政的阶级本性，混淆了政体与国体之间的正确关系，确切地说是颠倒了国体与政体之间的本末关系和主次关系。更为重要的是，三权分立权力架构为资产阶级将阶级意志贯穿到政治权力分配与运行全过程提供了运行机制。①

资本主义意识形态到底对资本主义统治有何重要作用？资本主义意识形态是上层建筑的重要内容，为巩固其经济基础服务。资本主义意识形态影响着资本主义国家政治制度的建设，如普选制的形成、对人的政治权利的重视和公共权利的约束以及法制、社会建设等方面。

伴随着全球化的深入推进，资本主义意识形态同经济全球化

---

① 李娟、王含阳：《西方宪政理论意识形态性的辩证批判》，《马克思主义理论学科研究》2021年第9期。

之间有何联系呢？当全球化遍及世界各地的时候，资本主义意识形态也开始如影随形。随着资本主义市场经济的发展和扩张，资本主义的生活方式、价值观念和意识形态也不断发展和扩张，在全球各个地区以各种不同的形式展现出来，在某种程度上甚至成为众多国家民众追捧的主流。资本主义商品经济将包含资本主义设计理念的商品在全球推销，这当中就隐含着资本主义意识形态的渗透和侵略。

需要警惕的是，资本主义意识形态一方面随着全球化走向世界各地；另一方面，它妄想成为"普世价值"而让全人类对其"顶礼膜拜"。正如有的学者指出的那样："随着经济全球化的推进，建立在资本主义经济基础之上的代表资产阶级利益的意识形态也随之而不断扩展，他们把自己的不可重复的经验上升为全人类的永恒的经验，运用各种手段到处推销。因此，西方发达资本主义国家所主导的经济全球化带有明显的意识形态性。"①

二、资本主义意识形态透析：本质与特征

凡事都要透过现象看本质，资本主义意识形态的本质是怎样

---

① 李丽：《当代西方意识形态的变化及启示》，《世界哲学》2019年第6期。

的呢？资本主义意识形态的本质就是：第一，资本主义意识形态作为资本主义社会的观念上层建筑，服务于其经济基础，从而服务于其政治上层建筑。资本主义经济为资产阶级意识形态开辟前进的道路，资产阶级意识形态为资本主义经济打上属于他们那个阶级的烙印，二者相辅相成，相互支持，紧密相连。

第二，资本主义意识形态集中体现了资产阶级的阶级意识。虽然资本主义意识形态在资产阶级革命时发挥了积极的作用，但仍具有狭隘的阶级性和历史局限性。这是因为，资产阶级意识形态只想解放资产阶级自己，而不是解放无产阶级和全人类。资产阶级自身的狭隘性决定了资产阶级意识形态的狭隘性。

第三，资本主义意识形态掩盖了资产阶级统治的实质。资本主义意识形态宣扬的平等、人权等具有欺骗性和虚伪性。正如列宁所说，"在最民主的资产阶级国家中，被压迫群众随时随地都可以碰到这个惊人的矛盾：一方面是资本家'民主'所标榜的形式上的平等，一方面是使无产者成为雇佣奴隶的千百种事实上的限制和诡计。正是这个矛盾使群众认清了资本主义的腐朽、虚假和伪善"[①]。

从马克思主义辩证法的角度来看，怎样看待资产阶级意识形

---

① 《列宁专题文集：论资本主义》，北京：人民出版社2009年版，第241—242页。

态的两面性呢？资本主义意识形态在不断调整中发展，也经历了从进步到落后，从革命到反动，从新生事物到腐朽没落的历史转化过程。因此，一方面，资本主义意识形态包含了人类文明进步的重要成果，对于这一部分成果，我们可以参考、借鉴；另一方面，资本主义意识形态作为资产阶级剥削和压迫的工具，为巩固和维护资本主义统治服务，我们也要认清、批判。资产阶级没有放松在意识形态上的渗透和扩张，不断通过各种渠道对社会主义国家和其他第三世界国家推行其意识形态，把它作为"和平演变"战略的重要组成部分。对此，我们要保持警惕。

美国及其西方盟国对社会主义国家实施"和平演变"。所谓"和平演变"，就是将西方资产阶级民主、自由、人权作为全人类的共同价值。在经济上，以合作、交往、援助为手段，对社会主义国家实行经济制裁，以诱导和迫使其放弃公有制；在思想上，将资本主义世界观、人生观、价值观等向社会主义国家渗透；在社会上，利用民族、宗教、文化、社会等问题，干涉社会主义国家内部事务；在外交上，对社会主义国家采取各种手段进行孤立、排挤和封锁，对社会主义国家进行国际冲击。这一阴谋的目标是：推翻社会主义，推翻共产党的领导，消灭马克思主义的意识形态，用西方的民主与自由让资本主义统领全世界。

美国国务卿杜勒斯曾于1953年提出"和平演变"，他宣称：美国政府应当竭尽全力，用"和平"方法解放"铁幕卫星国"，将"和平演变"的希望寄托在社会主义国家第三代、第四代人身上，要以西方的民主、自由和价值观念为武器，将其逐步输入社会主义国家，以"缩短共产主义的预期寿命"。1958年10月24日，杜勒斯又在白宫发表声明，称"中国共产主义是一个致命的危险"，必须"用和平方法使全中国得到自由"，"办法不是使用武力，而是用行为和榜样来支持大陆中国人的思想和心灵"①。肯尼迪在1960年当选美国总统后，提出了"和平战略"以推动苏联和东欧演变，制定了"以接触促演变"的策略与计划。西方国家纷纷采纳并且积极执行了这一战略。无论其斗争形式和规模如何改变，西方"和平演变"的图谋从来没有中断过，尤其是在20世纪70年代末到80年代中期，美国领导的西方敌对势力公开、全面、积极地对社会主义国家进行"和平演变"。

从苏联的例子可见一斑。自苏联诞生起，西方敌对势力就不断采取各种手段对其进行"和平演变"：利用大众传播媒体，设置"自由欧洲电台"和"自由电台"，进行意识形态渗透，灌输西方意识形态；利用经济贸易、技术援助，诱导苏联改革朝着西方期望

---

① ［美］杜勒斯：《杜勒斯言论选辑》，北京：世界知识出版社1959年版，第471—472页。

的方向发展，戈尔巴乔夫的改革使苏联走上了不归之路；利用所谓"人权"问题干涉苏联内政，支持和扶植苏联社会内部的反对势力；插手苏联的民族问题，破坏苏联的民族关系；千方百计支持苏共内部的反叛势力，大力扶植苏联共产党和苏维埃政权的掘墓人。苏联共产党的垮台、苏联社会主义制度的完结、苏联作为统一的多民族国家的解体，是一个由多种因素综合引起的复杂的政治事件，而其中西方的"和平演变"是一个非常重要的原因。[①]

三、资本主义意识形态在中国：影响与明辨

意识形态领域的斗争是长期的、复杂的。改革开放以来，尤其是苏联解体后，"街头政治"和"颜色革命"已经成为资产阶级传播其意识形态的重要工具。进入21世纪之后，民主社会主义的论调甚嚣尘上，而"普世价值观""宪政民主""公民社会"等话语成为宣扬资本主义意识形态的载体。辨析这些意识形态领域的争论，对理解马克思主义理论和我国改革开放，坚持中国特色社会主义道路具有重要作用。

民主社会主义。民主社会主义，也称"社会民主主义"，起源于19世纪初，是小资产阶级的社会主义。19世纪70年代到90

[①]　参见李慎明：《居安思危：苏共亡党的历史教训》（八集党内教育参考片解说词·大字本），北京：社会科学文献出版社2013年版。

年代中期，巴黎工人运动失败后，为了斗争的需要，民主社会主义和科学社会主义两种思潮曾有暂时的交叉。19世纪末20世纪初，在伯恩施坦主义的影响下，民主社会主义和科学社会主义被区分开来。德国社会民主党在第二次世界大战后制定了《哥德斯堡纲领》，德国社会民主党蜕变成资本主义的改良主义政党。20世纪50年代"民主社会主义"的"民主"针对的是"无产阶级专政"，强调对资本主义进行改良而不是彻底推翻，仍没有放弃以新的制度代替资本主义。20世纪90年代，苏联解体、东欧剧变，"民主社会主义"改称为"社会民主主义"，"社会民主主义"认为社会主义只是对社会进行不断调整以实现平等互助，不再把社会主义看作一种社会制度。显然，此时的"民主社会主义"已经成为一种与科学社会主义迥异的意识形态。它用改良代替革命；反对社会主义，排斥共产主义和无产阶级专政，否定共产党的领导；把多元化思想、世界观中立作为自己的指导思想。不论是指导思想、路径还是目标，"民主社会主义"都与科学社会主义截然不同。中国特色社会主义与"民主社会主义"有着根本不同。中国特色社会主义始终坚持科学社会主义基本原则，坚持把马克思主义基本原理同中国具体实际相结合。

"普世价值"。"普世价值"发源于宗教的"普世主义"伦理，经历了一个长期的历史过程。当代西方"普世价值"以抽象的人性论为依据，以绝对普遍性为方法，与全球化背景下资本主义的扩张相联系，具有强烈的政治意图。"普世价值"维护资产阶级的自由、权利、民主，我们要坚持马克思主义基本的立场观点方法，用阶级分析方法看清其实质。国内某些"普世价值"论者企图用资本主义的政治理念和制度改造中国的政治制度、争夺意识形态主导权。我们要明确，社会主义核心价值观与资本主义"普世价值"具有本质区别，"只不过，由于资产阶级'普世价值'伪善地使用了人类思想史上的美好名词，这两者才在一些词汇上存在着表面上的重合。……尽管如此，我们并不应当把这些词汇'让给'资产阶级的意识形态家们，而应当彻底揭露资产阶级'普世价值'的虚伪，高扬社会主义核心价值观"[①]。社会主义核心价值观是当代中国精神的集中体现，凝结着全体人民共同的价值追求。党的二十大报告指出，要广泛践行社会主义核心价值观，强调"社会主义核心价值观是凝聚人心、汇聚民力的强大力量。弘扬以伟大建党精神为源头的中国共产党人精神谱系，用好红色资源，深入开展社会主义核心价值观宣传教育，深化爱国主义、集体主义、社会主义教育，着力培养担当民族复兴大任的时

---

① 余斌:《社会主义核心价值观与资产阶级"普世价值"的比较——基于马克思主义经典著作》,《中共杭州市委党校学报》2015年第2期。

代新人"①，为培育和践行社会主义核心价值观提供了基本遵循。

"宪政民主"。"宪政民主"体现了西方政治文明的发展成果，是资产阶级革命和国家发展的产物，在政治法律实践中逐步形成了一套较为完备的理念和制度，主要包括实行多党制、议会民主和三权分立等内容。"宪政""民主"在中国最初是作为一种反对专制的思想理论，为了实现民族独立和国家富强而被引入的。21世纪以来，"宪政民主"被赋予更多的意识形态意蕴，"宪政民主"的拥护者根据资本主义"宪政"的内容与需要，在中国倡导"宪政民主"，倡导"宪政"变革，其本质是让我们放弃社会主义道路，建立资本主义"宪政民主"体制。习近平总书记指出："我们必须搞清楚，我国人民民主与西方所谓的'宪政'本质上是不同的。中国共产党领导是中国特色社会主义最本质的特征。"②西方国家的"宪政民主"作为一种上层建筑，其本质反映着资本主义的生产关系，维护资本主义制度。中国是社会主义国家，走的是中国特色社会主义道路，绝不能照搬照抄所谓的"宪政民主"，不能走改旗易帜的邪路。

---

① 习近平：《高举中国特色社会主义伟大旗帜 为全面建设社会主义现代化国家而团结奋斗——在中国共产党第二十次全国代表大会上的报告》，北京：人民出版社2022年版，第44页。
② 中共中央文献研究室：《习近平关于全面依法治国论述摘编》，北京：中央文献出版社2015年版，第21页。

170

"公民社会"。公民社会，英文是Civil Society，在19世纪至20世纪上半叶的西方，其意义都是市民社会，即人们以私人或市民身份活动的空间。西方资本主义进入垄断阶段后，经济一度出现停滞和通货膨胀，西方理论家反思国家和社会的关系，将政治、经济、公民社会三分，Civil Society被赋予"公民社会"含义。"公民社会"以双重自治为前提，即独立于国家和独立于家族、家庭、单位等的自治。它既是一片不许国家公共权威涉足的空间，也是参与国家政治事务的基地，有组织性、非营利性、自愿性、民间性、自治性五个特征。[①]"公民社会"对当代西方国家有一定积极作用，但这套理论体系的核心价值是公民的个人权利与自由至上，以私有财产权为基础。这一理论维护的是资产阶级的权利与自由，而不是全体人民的权利与自由。"公民社会"与我国的国体和社会主义的本质不相容。"公民社会"作为实现资本主义价值观输出的理论工具，将会危害我国的经济、政治、文化和社会安全。我们要充分认识"公民社会"的理论实质，警惕其危害。

种族主义的"社会进化论"。带有种族主义的"社会进化论"扭曲了文明的真谛。圣西门认为人类社会经历了三个历史阶

---

① 王绍光:《"公民社会"：新自由主义编造的粗糙神话》,《人民论坛》2013年第22期。

段，依次是野蛮社会、半开化社会、文明社会。在他看来，以黑种人为主进行渔猎的非洲属于野蛮社会，以黄种人为主进行农耕的亚洲属于半开化社会，以白种人为主的欧洲已经进入文明社会。这种把文明同种族联系在一起的划分方式和人类社会发展阶段演进分析都是非常荒谬和错误的意识形态。持这种观点的人认为，白种人是最优秀的种族，所以首先进入文明社会。因为是白种人，所以才首先进入了文明社会，这样的逻辑是无稽之谈，这种建立在种族基础上的"社会进化论"对其他种族是一种侮辱，是一种自高自大、戴有有色眼镜的歧视。但是，令人感到非常遗憾的是，这样的"社会文明观"在世界范围内的影响却非常大。将"文明论"引进日本的思想家福泽谕吉就认为："这种说法已经成为世界的通论，不仅西洋各国人民自诩为文明，就是那些半开化和野蛮的人民也不以这种说法为侮辱，并且也没有不接受这个说法而强要夸耀本国的情况认为胜于西洋的……所以，文明、半开化、野蛮这种说法是世界的通论，且为世界人民所公认。"①

　　"西方文明优越论"。西方文明的确是人类社会创造的文明，但是，西方文明真的就比其他文明优越吗？西方资产阶级学者将资本主义意识形态植入其他国家民众头脑中，他们通过一系列的

---

　　① ［日］福泽谕吉：《文明论概略》，北京编译社译，北京：商务印书馆1992年版，第9页。

具象化物质和科技来演示西方文明的高高在上，即通过物化或与文化工业、技术、景观、消费的融合，显现意识形态对生活情境的具象化操控。当一个人认为别国的科技高于自己国家科技水平的时候，就会产生崇拜别国科技的暗示心理，进而产生羡慕的行为方式。而当学术界将其上升为一种文明存在状态的时候，就会让人自然而然地将这种包裹着高科技的商品上升到文明的层面，于是"西方文明优越论"就占据人们的心理空间和思想空间。卢卡奇就是把物化同资本主义意识形态的运行联系起来的研究者，他认为物化及其造就的物化意识是资本主义意识形态观念体系的具象化，它以感性化的方式承载着应然性的意识形态指令，导致物化过程牵引着人的认识过程的现象发生。

2020年9月22日，习近平主席在第七十五届联合国大会一般性辩论上发表重要讲话，强调我们要树立大家庭和合作共赢理念，摒弃意识形态争论，跨越文明冲突陷阱，相互尊重各国自主选择的发展道路和模式，让世界多样性成为人类社会进步的不竭动力、人类文明多姿多彩的天然形态。2021年4月20日，习近平主席在博鳌亚洲论坛2021年年会开幕式上的视频主旨演讲中指出，多样性是世界的基本特征，也是人类文明的魅力所在。要弘扬和平、发展、公平、正义、民主、自由的全人类共同价值，倡导不同文明交流互鉴，促进人类文明发展。

"文明冲突论"。文明之间的关系是怎样的？是文明借鉴还是文明歧视？是文明对抗还是文明交流？西方学者抛出了所谓的"文明冲突论"。"文明冲突论"的本质是东西方对抗论，是东西方的意识形态对抗。①西方鼓吹"文明冲突论"的目的不过是要在后冷战时代以新的话语模式唤起美欧意识形态，重塑西方霸权。亨廷顿1993年在《外交》杂志上发表《文明的冲突？》一文，第一次提出"文明冲突"的观点，在世界范围内引起强烈反响。三年后，他把文中的观点和内容加以扩充，以《文明的冲突与世界秩序的重建》为题加以出版。

亨廷顿认为，意识形态的作用和功能在冷战后发生了巨大变化，冲突的根源已经不是意识形态，而是不同文明的差异，世界七大文明或八大文明将成为新的世界格局决定性因素，文化差异或"文明冲突"成为主导全球的因素。亨廷顿把意识形态伪装成文明问题来加以阐述，更具有隐蔽的欺骗性。在亨廷顿的"文明冲突"理论中，将中国古代的儒家文化视为专制主义，而他预先设置的陷阱则是"专制主义是落后的文明"，从而得出中国儒家文明是落后文明的错误结论。事实上，亨廷顿故意忽视儒家倡导的和谐、大同、天下一家等世界观，故意把儒家文明描绘成他意

---

① 王培洲、陈冬生：《和平发展的意识形态祛蔽：对"西方三论"的识别与跨越》，《思想政治教育研究》2017年第5期。

识形态中的影像来加以批驳。

"美国优先论"。美国人一向认为"美国优先"是应然状态。美国凭借其在世界文化产业格局中的优势地位，通过在全球占有市场份额、垄断信息创造、国家战略推动和话语控制等方式对非西方国家进行文化产品输出，输出的主要内容就是宣扬"美国优先"理论。美国在传播美国价值观念、美国制度文化和美国超前消费生活方式的同时对异质文化进行打压和颠覆，从而赋予美国在文化全球化中的支配地位，实现美国文化高高在上的压倒优势。

"美国优先论"是美国总统特朗普执政时期的主导思想。该理论是美国在面临经济增长缓慢、社会内部矛盾加剧、国际关系紧张情况下的选择性国策。"美国优先论"源于美国民粹主义、种族主义和霸权主义，以及面对美国日益衰落的综合国力美国精英阶层和一般民众生发的普遍忧虑。特朗普政府企图用"美国优先论"凝聚民族发展共识，团结国内不同利益集团一致对外。

美国竭尽全力、千方百计要实现"美国优先"，从而采取了一套单边主义色彩浓厚的国家安全政策，对国际战略格局构成重大冲击。事实上，美国"优先"既缺乏理论根据，又没有现实支撑，还得不到国际社会的认可。人们不禁要问：如果什么事情都让"美国优先"，那么其他国家必须排在后面吗？每个国家在世界秩序中的位置和定位是由国家实力和国际正义来决定的，不是自己说了算。

　　"西方制度普世论"。西方发达国家凭借资本主义"先发优势"和"硬实力"在"观念的世界秩序"中将其嬗变为一种意识形态话语，企图把西方资本主义现代化发展道路、制度模式、价值观念等设定为普遍的发展规律，对非西方尤其是社会主义国家进行意识形态渗透、制度输入与实践裁剪①。在此基础上，进一步把西方资本主义制度美化成世界上最美好、最普遍的制度存在形式。这样的意识形态论调实现了美化、神化、终极化资本主义制度的目的，对于年轻人而言极具思想杀伤力。为此，我们必须批判以"西方中心主义"为理论内核的"西方制度普世论"。

　　如何才能认清和批判"西方中心主义"呢？必须要追溯其生成的实践根源及现实基础。如果这种意识形态的物质基础和现实世界被摧毁了，那么这种思想产生的根源就不存在了，而建立在现实世界基础上的思想潮流就没有了源头。②只有我们有理有据地批判"西方中心主义"及其现实基础，才能彰显我们中国特色社会主义的实践伟力和世界意义，牢牢掌握主流意识形态话语权，积极建构对外话语体系，培育中华民族命运共同体意识。

------

　　① 张瑞才、单军伟：《"西方中心主义"思潮的生成考察及实践批判——兼论中国道路的世界历史意义》，《云南师范大学学报（哲学社会科学版）》2020年第5期。

　　② 以美国高度发达的科技为例，我们既要看到中美科技差距，又要批判美国高科技军工服务于战争的发展目的，从而指出美国科技伦理层面的反人类本质。

"美式双标"。"美式双标"指美国出于对自身利益的考量，长期打着"民主""人权""自由""正义"的旗号，惯于在地区和国际事务中肆意扭曲事实真相奉行双重标准。"美式双标"症由来已久，早已引起国际社会的极大不满，早已为国际社会诟病。近年来，美国自诩为全球第一的霸主，但是事实上却是国内矛盾激烈，国际纠纷不断。面对众多国内外矛盾，美国对国际事务中的是非曲直判断，往往采取双重标准，甚至直接撕掉了"民主""自由""人权""正义"等的虚伪面具，开始肆无忌惮地践踏国际规则、扰乱国际秩序。美国的这些作为，暴露了美国自私、自利、霸凌、虚伪的真实面目。美国在国际社会的种种表现，打破了美国长期精心打造的国际形象，也颠覆了二战以来美国精心打造的"人设"。

越南战争是"美国双标"的一个"杰作"。美国在1965年以支援法国和越南南方政权为借口出兵越南，明明是分裂越南，却说成"支援越南"。这就是美国的"双标"。在这样冠冕堂皇的借口之下，越南战争一直持续到1975年。事实上，越南战争既是美国同苏联冷战的结果，又是美国为了防止社会主义阵营不断扩大以及威慑新中国和苏联而故意挑起的战争。由于美国发动的越南战争是非正义战争，是企图分裂越南、打击社会主义阵营的邪恶战争，结果当然以美国失败告终。如果说美国在朝鲜半岛签署停战协议是二战以来第一次"双标"的失败，那么，越南战争再一次向世界证明了美国"双标"的失败。

近年来，美国又发现了另一个可以实现其"双标"的借口，这个借口就是"恐怖主义"。只要违反美国意愿的国家，美国就给这个国家扣上"恐怖主义"的帽子，然后再以"恐怖主义"为借口，对反对美国霸权统治或者没有给美国输送利益的国家进行打击。1981年，美国海军的飞机击落了两架利比亚飞机，两国断交。1986年，时任美国总统里根下令停止与利比亚的经济和贸易关系，冻结利比亚在美国的资产。此后，美利两国之间接连发生军事冲突。于是，美国总统里根下令空袭利比亚。

美国之所以不断地发动战争，其根本目的是霸占他国的战略资源——能源，至于美国"双标"只是其掩耳盗铃为自己做辩护的借口而已。2003年3月20日，包括美英在内的国家绕过联合国安全理事会，明目张胆地向伊拉克发动了一场大规模战争。美英联合部队在开战初期，分别向巴格达、巴士拉、纳杰夫、摩苏尔、乌姆盖斯尔、基尔库克等十几个城镇和码头投放了2000多枚精确制导炸弹、500多发战斧巡航导弹。在这场战争开始三周以后，伊拉克一些城镇如巴格达、巴士拉相继出现了骚乱，巴格达市区经常有人抢劫，治安出现了紊乱；巴格达博物馆被洗劫一空，数以千计的珍贵物品下落不明，许多古代遗址都被毁于战火之中。美国军队于2003年4月15日宣称，在伊拉克的重要军事活动已经告一段落，联合部队"已经完全掌控伊拉克"。美国为了掌控伊拉克的原油，导致超过10万平民死亡和几百万人无家可归。

　　多年以来，美国一直将自己视为人权、正义的化身，对其他国家的人权问题横加指责，俨然将自己当作"世界人权法官"。但是，美国从不认真检讨本国人权问题。实际上，美国的人权纪录是很不光彩的。面对历史上罕见的新冠疫情，美国政府应对不力造成严重灾难，截至2022年5月2日，美国因新冠死亡人数超过了102万[①]。在美国，种族歧视也是一个很严重的问题。美国政府在历史上曾对印第安人进行了有计划的清洗和屠杀，犯下名副其实的种族灭绝罪行。美国印第安人至今仍然过着二等公民的生活，权利饱受践踏；非洲裔美国人在其工作场所和日常生活中随处可见种族歧视，他们的失业率更高，就业机会更少，工资更低。枪支泛滥同样严重侵犯美国民众的生命权。美国是全世界私人拥有枪支最多的国家，美国发生的各种枪击案经常成为新闻媒体的头条。2020年，在疫情失控和社会动荡的背景下，美国枪支销量大增，共售出约2300万支。枪支泛滥导致大量的枪击死亡事件发生。2020年，美国共有4.15万人死于枪击，超过以往任何年份。同时，美国枪支犯罪十分严重。美国持枪杀人率是

---

　　① 杨超越：《二十万美国"新冠孤儿"令人痛心》，《光明日报》2022年5月4日。

其他发达国家的25倍。美国政府以人权自我标榜，经常对其他国家指指点点，对每年有数万美国公民死于枪击这样的重大人权问题却无力应对。一个连自己国家人民生命安全都无法保障的政府，有何资格点评他国人权呢？[①]

本章小结

批判资本主义意识形态是马克思主义理论研究的重要内容。当今时代的西方意识形态以生动化的影视形象、具体化的商品物体和差别化的价值符号等具象化的方式来实现对人们生活的微观渗透，这种微观渗透力量通过可视化、立体化的具象对中国民众的思想观念和价值判断产生不容忽视的影响。[②]我们之所以要批判资本主义意识形态，是因为西方资产阶级国家利用"普世价值""公民社会""宪政民主""文明冲突""美国优先""民主社会主义"等思潮对中国进行文化侵略，进行"颜色革命"，进行意识形态渗透。这一点，无论是中国共产党党员，抑或是广大人民群众，都必须提高警惕。我们要防范化解意识形态风险，坚定维护意识形态安全，弘扬全人类共同价值，推动构建人类命运共同体。

---

① 李云龙：《触目惊心的美国人权纪录》，《人民日报》2021年4月7日。
② 杨乐强、沈甜玲：《西方意识形态的具象化渗透及青年引导的应对策略》，《当代青年研究》2019年第5期。

参考文献

［1］《马克思恩格斯文集》第一至第十卷，北京：人民出版社 2009年版。

［2］《马克思恩格斯全集》第三卷，北京：人民出版社2002年版。

［3］《马克思恩格斯全集》第二十一卷，北京：人民出版社2003 年版。

［4］《马克思恩格斯全集》第三十五卷，北京：人民出版社2013 年版。

［5］［德］马克思：《哲学的贫困》，北京：人民出版社1961年版。

［6］《列宁专题文集：论辩证唯物主义和历史唯物主义》，北京： 人民出版社2009年版。

［7］《列宁专题文集：论马克思主义》，北京：人民出版社2009 年版。

［8］《列宁专题文集：论资本主义》，北京：人民出版社2009年版。

［9］《列宁专题文集：论社会主义》，北京：人民出版社2009年版。

［10］《列宁专题文集：论无产阶级政党》，北京：人民出版社2009

年版。

[11]《列宁全集》第一卷，北京：人民出版社2013年版。

[12]《列宁全集》第二十三、第二十四、第三十一、第三十三
卷，北京：人民出版社2017年版。

[13]《毛泽东选集》，北京：人民出版社1991年版。

[14]《毛泽东文集》第一、第二卷，北京：人民出版社1993年版。

[15]《毛泽东文集》第三至第五卷，北京：人民出版社1996年版。

[16]《毛泽东文集》第六至第八卷，北京：人民出版社1999年版。

[17]《邓小平文选》第一、第二卷，北京：人民出版社1994年版。

[18]《邓小平文选》第三卷，北京：人民出版社1993年版。

[19]《江泽民文选》，北京：人民出版社2006年版。

[20]《胡锦涛文选》，北京：人民出版社2016年版。

[21]习近平：《习近平谈治国理政》第一卷，北京：外文出版
社2018年版。

[22]习近平：《习近平谈治国理政》第二卷，北京：外文出版
社2017年版。

[23]习近平：《习近平谈治国理政》第三卷，北京：外文出版
社2020年版。

[24]习近平：《习近平谈治国理政》第四卷，北京：外文出版
社2022年版。

［25］中共中央文献研究室：《习近平关于全面依法治国论述摘编》，北京：中央文献出版社2015年版。

［26］［英］托马斯·莫尔：《乌托邦》，戴镏龄译，北京：商务印书馆1982年版。

［27］［德］马克斯·韦伯：《新教伦理与资本主义精神》，黄晓京、彭强译，成都：四川人民出版社1986年版。

［28］［英］约翰·希克斯：《经济史理论》，厉以平译，北京：商务印书馆1987年版。

［29］总政宣传部：《走向英特纳雄耐尔——历史必由之路》，北京：解放军出版社1991年版。

［30］［法］卢梭：《社会契约论》，北京：商务印书馆1994年版。

［31］易惕安、俞可平：《当代西方国家理论评析》，西安：陕西人民出版社1994年版。

［32］［美］道格拉斯·C.诺思：《经济史中的结构与变迁》，陈郁、罗华平等译，上海：上海三联书店、上海人民出版社1994年版。

［33］王章辉、孙娴主编：《工业社会的勃兴——欧美五国工业革命比较研究》，北京：人民出版社1995年版。

［34］［美］道格拉斯·诺思、罗伯斯·托马斯：《西方世界的兴起》，厉以平、蔡磊译，北京：华夏出版社1999年版。

［35］中共商丘市委宣传部：《华商始祖王亥》，郑州：河南美术出版社2006年版。

［36］［英］卡萝塔·佩蕾丝：《技术革命与金融资本——泡沫与黄金时代的动力学》，田方萌、胡叶青、刘然等译，北京：中国人民大学出版社2007年版。

［37］仇建涛、崔朝栋：《政治经济学》，郑州：河南大学出版社2009年版。

［38］刘诗白：《马克思主义政治经济学原理》，成都：西南财经大学出版社2011年版。

［39］宋涛主编：《政治经济学教程》，北京：中国人民大学出版社2016年版。

［40］卫兴华、林岗：《马克思主义政治经济学原理》，北京：中国人民大学出版社2016年版。

［41］［德］于尔根·科卡：《资本主义简史》，徐庆译，上海：文汇出版社2017年版。

［42］张雷声主编：《马克思主义基本原理概论》，北京：中国人民大学出版社2018年版。

［43］程恩富主编：《政治经济学》，北京：高等教育出版社2019年版。

［44］刘美平：《中观政治经济学》，长春：长春出版社2020年版。

［45］张雷声：《马克思主义政治经济学原理》，北京：中国人民大学出版社2020年版。

［46］《马克思主义政治经济学概论》编写组编：《马克思主义政治经济学概论》，北京：人民出版社2021年版。

［47］宋涛主编：《政治经济学教程：资本主义部分》，北京：中国人民大学出版社2021年第13版。

［48］《马克思主义基本原理（2023年版）》编写组编：《马克思主义基本原理（2023年版）》，北京：高等教育出版社2023年版。

［49］卓炯：《对"货币转化为资本"的再认识》，《上海社会科学院学术季刊》1986年第2期。

［50］胡关金：《商品转化为货币的若干问题的探讨》，《马克思主义研究》1987年第1期。

［51］韩保江：《当代资本主义收入分配制度创新的内在机制》，《中共中央党校学报》2001年第3期。

［52］吴宣恭：《关于"生产要素按贡献分配"的理论》，《当代经济研究》2003年第12期。

［53］项启源：《不能把股份制等同于公有制——兼与厉以宁教授商榷》，《经济学动态》2004年第4期。

［54］丰志培、刘志迎：《产业关联理论的历史演变及评述》，

《温州大学学报》2005年第1期。

［55］征汉文：《按劳分配本质的哲学思考》，《学海》2005年第4期。

［56］王明芳：《权威主义政治文化与德国国家性格的改变》，《欧洲研究》2005年第6期。

［57］赵作斌：《对"两极分化"问题的审视及其启示》，《生产力研究》2007年第18期。

［58］常保国：《西方文化语境中的专制主义、绝对主义与开明专制》，《政治学研究》2008年第3期。

［59］刘旺霞：《日本二战以来反周期货币政策》，《中国证券期货》2009年第4期。

［60］王勇：《再论"比例失调"——从马克思主义经济周期理论认识当前世界经济危机的根源及对策》，《社会科学》2010年第9期。

［61］王绍光：《"公民社会"：新自由主义编造的粗糙神话》，《人民论坛》2013年第22期。

［62］张志昌：《资本主义社会法治文化的一般生成逻辑审视与批判》，《河南大学学报（社会科学版）》2015年第1期。

［63］刘同舫：《启蒙理性及现代性：马克思的批判性重构》，《中国社会科学》2015年第2期。

［64］余斌：《社会主义核心价值观与资产阶级"普世价值"的比较——基于马克思主义经典著作》，《中共杭州市委党校学报》2015年第2期。

［65］孟捷：《劳动力价值再定义与剩余价值论的重构》，《政治经济学评论》2015年第4期。

［66］王培洲、陈冬生：《和平发展的意识形态祛蔽：对"西方三论"的识别与跨越》，《思想政治教育研究》2017年第5期。

［67］何玉长、宗素娟：《人工智能、智能经济与智能劳动价值——基于马克思劳动价值论的思考》，《毛泽东邓小平理论研究》2017年第10期。

［68］何干强：《货币流回规律和社会再生产的实现》，《中国社会科学》2017年第11期。

［69］庄家炽：《从被管理的手到被管理的心——劳动过程视野下的加班研究》，《社会学研究》2018年第3期。

［70］汤晓燕：《十八世纪法国思想界关于法兰克时期政体的论战》，《中国社会科学》2018年第4期。

［71］李济时、韩荣卿：《当前英国的选举制度改革：根由、进程与争议》，《当代世界与社会主义》2018年第5期。

［72］范从来、高洁超：《经济金融周期分化与中国货币政策改革的逻辑》，《社会科学战线》2019年第5期。

［73］杨乐强、沈甜玲：《西方意识形态的具象化渗透及青年引导的应对策略》，《当代青年研究》2019年第5期。

［74］李丽：《当代西方意识形态的变化及启示》，《世界哲学》2019年第6期。

［75］王俊秀：《莫让"996"成为职场明规则》，《人民论坛》2019年第33期。

［76］张瑞才、单军伟：《"西方中心主义"思潮的生成考察及实践批判——兼论中国道路的世界历史意义》，《云南师范大学学报（哲学社会科学版）》2020年第5期。

［77］张毅：《美国选举制度的缺陷》，《国际政治研究》2020年第5期。

［78］蔡玲：《资本积累与资本主义所有制的内在逻辑——基于〈资本论〉的理论考察》，《江汉论坛》2021年第1期。

［79］罗润东、韩巧霞、段文斌：《人工智能的要素属性及其就业含义》，《福建论坛（人文社会科学版）》2021年第2期。

［80］田锋、缪昕雨：《论数据拜物教的生成路径与祛魅之道》，《江西师范大学学报（哲学社会科学版）》2021年第2期。

［81］商务部研究院课题组：《新发展格局背景下，跨国公司的新作为、新空间和新机遇》，《国际经济合作》2021年第4期。

［82］赵汀阳：《一种可能的智慧民主》，《中国社会科学》2021

年第4期。

［83］刘训练：《西方现代民主话语的生成及固化》，《政治学研究》2021年第5期。

［84］易红郡、曾咏柳：《宗教改革时期英国大学的变迁》，《大学教育科学》2021年第5期。

［85］陈家刚、何俊志：《历史制度主义视域下英国议会选举制度变迁及其逻辑研究》，《公共治理研究》2021年第6期。

［86］梁孝：《西方现代化理论的意识形态反思—— 一种方法论的视角》，《齐鲁学刊》2021年第6期。

［87］李娟、王含阳：《西方宪政理论意识形态性的辩证批判》，《马克思主义理论学科研究》2021年第9期。

［88］刘凤义：《劳动力商品再认识与中国特色社会主义政治经济学》，《经济研究参考》2021年第12期。

［89］王蕾：《汽车供需关系发生改变，车企借"缺芯"理由涨价》，睿财经2021年12月6日。

［90］［意］弗拉迪米洛·贾凯、李凯旋：《"民主"概念在西方的演变及其偏狭性》，《世界社会主义研究》2022年第1期。

［91］陆曦：《宣誓的政治意涵——以16世纪英国宗教改革为中心的考察》，《学海》2022年第2期。

［92］祝坤福、余心玎、魏尚进、王直：《全球价值链中跨国公司

活动测度及其增加值溯源》，《经济研究》2022年第3期。

［93］李云龙：《触目惊心的美国人权纪录》，《人民日报》2021
年4月7日。

［94］中华人民共和国国务院新闻办公室：《2021年美国侵犯人权
报告》，《人民日报》2022年3月1日。

［95］杨超越：《二十万美国"新冠孤儿"令人痛心》，《光明日
报》2022年5月4日。